Sosyal Fobiden Hayata Yolculuk

AF839958

Prof. Dr. Kadir Özdel

1978, Nazilli doğumlu. Tıp Fakültesi eğitimini 2004'te Eskişehir Osmangazi Üniversitesi'nde, Psikiyatri Uzmanlığı'nı 2009'da Ankara Üniversitesi Tıp Fakültesi Psikiyatri Anabilim Dalı'nda tamamladı. Uzmanlık tezi Bilişsel Davranışçı Terapi ile tedavi edilen vajinismus olgularında tedavi sonucunu öngörücü olası etmenler üzerinedir.

Psikoterapi eğitimine psikanalitik ve dinamik psikoterapiler alanında başlayan Dr. Özdel, 2006'da Bilişsel Davranışçı Terapi eğitimi almaya başladı ve 2008'den itibaren çalışmalarını bu alanda yoğunlaştırdı. Kendisine merkezi Amerika Birleşik Devletleri'nde bulunan *Academy of Cognitive and Behavioral Therapies* (Bilişsel ve Davranışçı Terapiler Akademisi) tarafından 2011'de terapist, 2014'te ise konsültan, süpervizör ve eğitici unvanları verildi.

Dr. Özdel 2015'te psikiyatri doçenti oldu. Çoğunluğu Bilişsel Davranışçı Terapiler alanında olmak üzere elliden fazla çalışmaya imza attı.

2012'den bu yana Sağlık Bilimleri Üniversitesi Dışkapı Yıldırım Beyazıt Eğitim ve Araştırma Hastanesi'nde eğitim görevlisi olarak çalışıyor. Bilişsel Davranışçı Psikoterapiler Derneği'nin ise yönetim kurulu üyesi ve eğiticisi. Ayrıca uluslararası hakemli bir dergi olan Bilişsel Davranışçı Psikoterapi ve Araştırmalar Dergisi'nin yürütücü editörü.

Hayatı Anlamak Serisi 2

Sosyal Fobiden Hayata Yolculuk - Kendi Kendine Yardım Kitabı
Prof. Dr. Kadir Özdel

Genel Yayın Yönetmeni: Aslı Tunç
Editör: Tolga Meriç
Düzelti: Ahmet Özgün Tatar
Kapak ve Sayfa Tasarım: Şükrü Karakoç

8. Baskı: Şubat 2026
ISBN: 978-605-173-843-7

Baskı ve Cilt:
Epsilon Baskı Çözümleri Ticaret ve Sanayi Anonim Şirketi
Gürsel Mah., İcabet Sok., No:3/1, 34400
Kağıthane/İstanbul
Sertifika No: 80940

Yayımlayan:
Epsilon Yayınevi Ticaret ve Sanayi A.Ş.
Osmanlı Sok., No: 18/4-5 Taksim/İstanbul
Tel: (212) 252 38 21 Faks: (212) 252 63 98
İnternet Adresi: www.epsilonyayinevi.com
E-posta: epsilon@epsilonyayinevi.com
Sertifika No: 49067

Hayatı Anlamak Serisi 2

sosyal fobiden hayata yolculuk

Kendi Kendine Yardım Kitabı

Prof. Dr. KADİR ÖZDEL

Psikoloji

epsilon

HAYATI ANLAMAK SERİSİ

Bilimsel ilkelere göre hazırlanmış yeni bir kitap dizisiyle karşınızdayız: Psikolojik konularla ilgili bilgi edinmek ve yeni yöntemler öğrenerek kendini geliştirmek isteyenler başta olmak üzere, herkese seslenen bir kitap dizisi.

Dizinin adının "Hayatı Anlamak" olması boşuna değil: Hepimiz bir bedene ve onunla bağlantılı bir psikolojiye sahibiz. Yaşamımızın diğer canlıların yaşamından ayrıldığı en önemli kısım, psikolojik dünyamız. Yaşama anlamını ve rengini veren çoğu zaman psikolojimiz. O yüzden hayatı anlamak, psikolojik dünyamızı da anlamaktan geçiyor.

Bu konuda hem yaşam içinde kendi deneyimlerimizle hem de araştırarak, okuyarak, duyarak öğrendiğimiz pek çok bilgi var. Psikolojik konular ve kavramlar, ne olursa olsun kaçamayacağımız, hep bizimle olan konular ve kavramlar. Psikolojik sıkıntıların yaşanması ise insanın psikolojik bir yanının olmasının doğal sonucu. "Hayatı Anlamak" serisi her kitapta belli bir psikolojik soruna ve konuya odaklanarak hem onlara dair bilgi vermeyi hem de çözümüyle ilgili bireyin neler yapabileceğini aktarmayı amaçlıyor.

Bilgi edinmenin pek çok yolu olduğunu bilmekle ve bunlara saygı duymakla birlikte, bu seri kendini psikolojik bozukluklarla ilgili bilime dayandırıyor. Psikolojik bozuklukların çözümüyle ilgili iletişime dayalı yöntemlerden oluşan psikoterapiye bilimsel bakış, bu serinin ana rengi. Ruhsal rahatsızlıkların nedenleri ve çözümleri için bilimsel yöntemi esas alan bir psikoterapi türü olan Bilişsel Davranışçı Psikoterapi'yi temel alan kitaplar bunlar.

Bilişsel Davranışçı Psikoterapi en yalın şekilde şu ilkeye dayanır: Kişinin içinde olduğu ortam, bu ortamda yaşadığı olaylar, bu çevreye ilişkin algıladıkları ve algılarıyla ilgili düşünceleri, duygusal ve bedensel tepkileri, davranış ve konuşmaları birbirlerini etkiler. Ve eğer bir ruhsal sorun varsa, bu alanlarda yaşanan bazı aksaklıklar başlatıcı olmakla birlikte, daha sonra sorunun sürmesinde özellikle bilişsel ve davranışsal etkenler rol oynar. Yaşam ve olaylar, bedensel ve duygusal tepkilerimiz doğrudan doğruya bizim kontrolümüzde değildir. Bizim kontrolümüzde olan, davranışlarımız ve düşüncelerimize verdiğimiz tepkidir. Bilişsel Davranışçı Psikoterapi, bu tepkinin psikolojik sıkıntılarımızı azaltacak biçime dönüşmesine yardımcı olur. Hedef, bireyin daha gerçekçi, duruma ve amaçlarına uygun şekilde düşünmesine, nasıl bir insan olmak ve nasıl bir hayat yaşamak istiyorsa ona uygun davranıp yaşamasına yardımcı olmaktır.

Dizinin editörü olarak beni, katkıda bulunan bütün yazar arkadaşlarımızı, yayınevini ve ekibi çok heyecanlandıran bu serinin sizlerde bulacağı yankı çabalarımızın en büyük ödülü olacaktır.

Anlamlı ve iyi bir yaşam dileğiyle...

Prof. Dr. M. Hakan Türkçapar

Hocam Mehmet Hakan Türkçapar'a...

İÇİNDEKİLER

Önsöz

Yaşam, insanın kendini inşa etme sürecidir.

Kısa bir süre başınızı kitaptan kaldırın ve etrafınıza bakın. Gördüğünüz şeylerin çoğu düşünce olmaksızın var olamazdı. Öte yandan, gördüklerinizin hiçbiri sadece düşünceyle meydana gelmedi. Düşünceleri izleyen eylem, etkinlik ve değişim sürecinde var oldular.

Bu bizim için de böyle. Yani bir otomobilin tasarlanıp meydana getirilme süreciyle bizi biz yapan, aynı zihinsel süreç.

Çocukluktaki öğrenmelerimiz ağırlıklı olarak çevresel koşullara ve yakın çevremizle yani anne babamızla, okuldaki, mahalledeki ya da etrafımızdaki diğer çocuklarla ve yetişkinlerle yaşadıklarımıza bağlıdır: Erişkinlikte ise gitgide özgürleşiriz. Yeni fikirler ve deneyimlerle evriliriz. Kendimizi böyle inşa ederiz. Ve bu ifadeler her ne kadar kulağa hoş gelse de aslında hepsine karşılık bir bedel öderiz.

Bu bedelleri öderken ruhsal zorluklar yaşayan kişilere yardım etmek için kullanılan en önemli yöntemlerden biri psikoterapidir. Bilimsel arka plana sahip psikoterapiler insanın kendini inşa sürecindeki etkinliğini dikkate alıp harekete geçirerek değişim umudu sunar.

Bu etkinlik şöyle işler: Düşünceler davranışı ortaya çıkarır; davranış, duygu ve dış olaylarla birlikte bir yaşantıya dönüşür;

sonra bu yaşantı tekrar düşüncelerle anlamlandırılıp değerlendirilir ve öngörüler oluşturulur, yani işlenir. Bu süreç kesintisiz biçimde devam eder.

Elinizdeki kendi kendine yardım kitabı bu ilkelere dayanarak hazırlandı. Çünkü farkındalık, düşünce ve deneyim, değişimin olmazsa olmazları.

Bu kitap bir tedavi alternatifi değil. Sosyal kaygıyı anlamak ve bununla başa çıkmada yararlı olabilecek yöntemleri öğrenmek isteyenler için bir kaynak. Aynı zamanda, bir sağlık profesyonelinden sosyal kaygı bozukluğu nedeniyle ilaç ve/veya psikoterapi tedavisi alan kişilere destek sağlamayı da amaçlıyor.

Yaşamımız boyunca dışsal (çevresel) veya içsel (duygusal) sorunlarla başa çıkmaya çalışırken aslında hep yalnızız. Değişimlerin bedelini kendimiz ödüyoruz. Çektiğimiz acı dışarıdan görülse ve kabul edilse bile bu ıstırabın sorumluluğunu taşıyan biziz. Orası öyle ama dıştan gelen yardımların işimizi kolaylaştırabildiği de bir başka gerçek. O yüzden, bu kitabı sıkıntınıza saygı gösteren ve kendi başa çıkma sürecinizde size yardımcı olabilecek fikirler sunan bir dost gibi görmenizi isterim.

Kitap temelde iki aşamadan oluşuyor. İlk kısım sosyal kaygıyı anlamakla, ikinci kısımsa değişimle ilgili. Kitabın kısalığı sizi yanıltmasın. Bazı bölümler her okuyuşunuzda size yeni öneriler, düşünceler sunacaktır. Bu nedenle, okuyup bitirilecek bir kitaptan öte, tekrar tekrar çıkılabilecek bir değişim yolculuğunun rehberi gibi değerlendirilmesini dilerim.

Saygılarımla...

Okuma Rehberi

Değerli okuyucumuz,

Bu kitabın bölümleri birbirlerini sırayla tamamlayacak şekilde yazılmıştır. Her bölüm birbirinden bağımsız olarak okunduğunda da bu bölümlerden bir şeyler öğrenilmesi mümkündür ancak en verimlisi kitaptaki sıralamayı izleyerek yapılacak olan okumadır. Verimi daha da artırmak için kitabın başında sizlere bu kılavuzu sunmak istedik.

Kitabın ilk bölümü, "Sosyal kaygı bozukluğu nedir?" sorusunun cevabını ele alıyor. Bu bölümde sosyal kaygı bozukluğunun ne olduğuna, kendini kişinin yaşamında nasıl gösterdiğine ve bireylerin bu kaygıyı nasıl deneyimlediğine dair bilgiler sunuluyor. Sosyal kaygıya benzeyen durumlar ve sosyal fobinin beraberinde ortaya çıkma riski taşıyan başka zorluklar aktarılıyor.

İkinci bölümde sosyal fobinin nedenlerine, genetik ve çevresel faktörlerle birlikte mizaç ve kişilik özelliklerinin etkisine yer veriliyor. Modern bilimsel bilgiler ışığında sosyal fobinin nasıl anlaşıldığı tartışılıyor.

Üçüncü bölümde sosyal kaygı bozukluğunun mevcut tedavi uygulamaları anlatılıyor. Önerilmiş ve başarılı olmuş yöntemlere dair genel bilgiler sunuluyor.

Dördüncü bölüm ise sosyal kaygı bozukluğuyla başa çıkma yollarına odaklanıyor. Sosyal kaygı yaşayan bireylerin kullandığı birçok başa çıkma yöntemi olsa da bunlardan bazılarınınsa kişilerin durumlarını olumsuz etkileyebildiğini biliyoruz. Bizim önerilerimiz okur okumaz adım adım uygulamaya başlayabileceğiniz alıştırmalarla destekleniyor. Kararlılıkla devam ettiğinizde size yeni kapılar açacak öneriler ve başa çıkma yöntemleri bunlar. O nedenle hedefinizin okuduklarınızı denemek ve deneyimlemek olmasını öneririm.

Bu kitap sadece okunup anlaşılma değil, aynı zamanda yaşanma iddiasında olan bir kitap. Tek bir okumanın da size kıymetli katkılar sunacağından kuşkum yok ancak ihtiyaç duyduğunuzda kitabı tekrar tekrar okumaktan kaçınmamanızı öneririm. Kitapla tartışırsanız kitap size yanıt veremez. Fakat okuduklarınızla ilgili deneyimlere açık olursanız en doğru yanıtları kendiniz bulabilirsiniz. Tıpkı hayata dair sorularınızın yanıtlarını bugüne dek aslında hep sizin bulduğunuz gibi.

Bu kitabın zenginleştirici düşünceler geliştirmenize ve hayatınıza yeni deneyimler katmanıza aracı olmasını diliyorum.

BİRİNCİ BÖLÜM

SOSYAL KAYGI BOZUKLUĞU NEDİR?

İnsanın Toplumsal Varoluşu

Bir an için dünyayı tanımakla görevlendirilmiş bir uzaylı olduğumuzu düşünelim. Amacımız da her şeyiyle bize yabancı olan dünyada sürüp giden yaşamı çözmek olsun. İnsanı fark etmemiz ne kadar sürerdi sizce?

Öyle sanıyorum ki dağları, denizleri, çölleri görüp farklı iklimleri hissetmemizle, yani coğrafi sistemi zihnimizde oturtmamızla canlılar dünyasının renkliliği karşısında şaşırıp insanı ayırt etmemiz bir olurdu. Çünkü dünyanın şeklini değiştiren bu tür, diğerlerinden başka gözükür ve kendini hemen fark ettirirdi. Yaptıklarıyla, başardıklarıyla, inşa ettikleriyle, yarattığı gürültü ve ışıkla onun apayrı bir varlık olduğuna karar verirdik muhtemelen. Demirden dev kütleleri denizlerde yüzdürüp gökyüzünde uçurduğunu gördüğümüzde hayranlık duyar, açtığı savaşları ve yaptığı katliamları gördüğümüzde ise korkuya ya da öfkeye kapılırdık. Ve kısa zamanda onun hakkında bir şey daha fark ederdik: Neredeyse hiçbir zaman tamamen tek başına olmadığını. Bir müddet inzivaya çekilenlerin bile bu sürecin sonunda -belki daha da güçlenerek- toplumsal yaşama geri döndüğünü fark ederdik. İnsanın toplumsal varoluşu sayesinde böyle görkemli bir medeniyet yarattığını ve bunun ardında savaştan çok, müthiş bir yardımlaşmanın yattığını anlardık.

İnsanı anlamak için hangi bilgi kaynağını kullanırsak kullanalım -ister antropolojik ister dini ister felsefi açıdan bakalım- onun sosyal bir varlık olduğunu görürüz. Doğumundan sonra bir bakım verene en uzun süre bağlı kalan canlılardan biridir insan. İçinde yetiştiğimiz aile ya da aile yerine geçen ortamlar, okullar, işyerleri, mahalleler, köyler, şehirler... Ya da düğünler, cenazeler, belki gitmek istemediğimiz ama zorunlu görüşmelerin olduğu özel günler... Hepsinin içinde sosyallik var. Sosyallik seçtiğimiz keyfi bir durum olmaktan ziyade sanki genlerimize işlemiş bir özelliğimiz. Derimizin kürkle kaplı olmayışı ya da konuşabiliyor olmamız gibi. İçine doğduğumuz bir şey. Varoluş şeklimiz.

Sosyal olmak övüneceğimiz ya da utanacağımız bir yanımız değil. Bizim bir parçamız. Öyle bir parça ki yaşamdaki hemen her şeyle ilişkili. Hücre hapsinin en ağır cezalardan olmasının nedeni budur. Ayrılık türkülerde bu yüzden "ölümden beter" diye nitelenir.

Toplum büyüdüğümüz, ürettiğimiz, kendimizi var ettiğimiz zemindir. Toplum tarafından kabul edilmek ayaklarımızın o zemine bastığı hissini yaratır. Ancak bu kaygan bir zemindir. Fark edilmek ve kabul edilmek istediğimiz şeylerken, tehdit edilmek, aşağılanmak veya dışlanmak bize acı verir.

Biz insanların ölüm riskini yoğun alkol tüketiminden, sürekli hava kirliliğine maruz kalmaktan ya da aşırı kilolu olmaktan daha fazla artıran bir şey var: Sosyal yalıtılmışlık ve yalnızlık algısı.

Peki, insanlar kendi istekleriyle sosyal ortamdan uzak kalırlar mı? Sosyal bağlarını olabildiğince azaltırlar mı?

Hiç kolay olmasa da kimileri bunu yapar. Sosyalliklerini/sosyal bağlarını mümkün olan en alt seviyeye kadar düşürebilirler. Çünkü çevresel (toplumsal) etkilerle ilgili olumsuz bir bakışı olan kişi kendini riske atmak istemez ve geri çekilir.

Tamamen dışlanmak gerçekte çok çok küçük bir olasılıktır. Toplumun birçok ferdi için kabul edilemez davranışları olan kişilerin bile belli bir grup ya da kesim içinde barınabildiğini hatırlayın. Yine de toplumsal dışlanmanın ihtimali bile bizim sosyal ölümümüz gibidir. Ölümden korkar gibi hatta belki daha fazla ve içten içe korktuğumuz bir durumdur bu.

Hayatı anlamak en önemli ödevlerimizden biridir. Sosyal yaşamda olan biteni doğru algılamak ve anlamaksa, başkalarıyla birlikte oluş hâlimizi yönetebilmek için mutlak gerekliliktir.

Bazı bireylerin konuşmak, görüşmek, iletişim kurmak ya da sunum yapmak gibi sosyal davranışlarda bulunurken kendilerini rahat hissetmediklerini ve bunlardan uzak durmaya çalıştıklarını biliyoruz. Sosyal kaygı olarak ifade edilen bu durum kişinin mutluluğuna gölge düşürebilir. Toplum tarafından kabul edilmek isteyip reddedilmekten korkmak hepimizin bir gerçeğiyken bu durum bazılarımızın en önemli sıkıntısı hâline gelebilir.

Korku, Kaygı ve Fobi

Sosyal kaygı bozukluğunun tarifine ve görünümüne geçmeden önce bazı kavramların burada açıklığa kavuşturulması gerekiyor. Öncelikle, bir şeye "bozukluk" demek de nedir? Yaşamımızda yeterince etiket yok mu? Ayrıca uzmanların, bilim insanlarının ve o zorluğu yaşayanların işine ne ölçüde yarar bu?

Ruh sağlığı alanındaki birçok tanı, sınırları bu denli belirgin biçimde ancak geçtiğimiz yüzyılda tanımlanmıştır. Tanı koymanın önde gelen amaçlarından biri, alanda hizmet verenler arasındaki iletişimi artırmaktır. Bir uzman, kişinin yaşadığı duruma "depresyon" dediğinde diğer uzmanın zihninde de benzer sorunların, belirti ve bulguların canlanması sağlanmış olur. Ortak bir isim ve nesnel ölçütler ortaya konması bu alanda yapılan gözlem, araştırma ve uygulamaların sağlıklı bir şekilde sürdürülebilmesine olanak tanır.

Birine sosyal kaygı bozukluğu tanısı konduğunda bu tanı, o kişinin kimliği hâline gelmez. Kişinin yaşadığı durumu standart şekilde tarif eden bir ifadeden ibarettir bu. Uzağı görmekle ilgili zorluk çekiyorsanız miyopiniz vardır ve bunun için gözlük kullanırsınız. Miyopi yaşadığınız problemin adıdır, gözlük de onu gidermek için kullandığınız bir araç. Ne miyopi ne de gözlük temel tanımlanma noktanız olabilir. Uzağı iyi görmüyor ve gözlük kullanıyorsunuzdur. Hepsi budur. Ruhsal bozukluklarla ilgili tanıları bir etiket gibi kullanmak, gözlük kullanan kişiye "dört göz" demek gibi bir şeydir.

Peki, kaygı bozukluğu ya da fobi ne demektir?

Korku en önemli, en yararlı temel duygularımızdandır. Korkunun tehlikeler karşısında kendimizi korumamızı ve hayatta kalmamızı sağlayan doğal bir alarm sistemi olduğunu söyleyebiliriz. O nedenle korkunun veya onun seyrelmiş hâli diyebileceğimiz kaygının yaşandığı yerde tehlike, tehdit veya tehdit olasılığını içeren bir belirsizlik vardır. Ancak kaygı bozuklukları ve fobilerde, gerçek tehlikenin olasılığına ve büyüklüğüne kıyasla çok daha fazla korku veya kaygı söz konusudur. Bu fazlalık kişinin hedeflerine uygun davranamamasıyla ilişkilidir ve yaşam kalitesini düşürür.

Korku ile kaygı arasındaki ayrım literatürde çokça tartışılmıştır. Bu iki duygunun birbiriyle ilişkisi ise tartışmasızdır. Korku, nesnesi ve kaynağı genellikle daha net belirlenebilen, daha keskin ve şiddetli ancak daha kısa süre hissedilen bir duygudur. Kaygı ise ileriye dönük, içinde belirsizlik barındıran, daha yaygın, şiddeti daha az ancak daha uzun süre hissedilebilen bir duygudur.

Her iki duygunun da bilişsel (düşünsel), fizyolojik ve davranışsal unsurları var. Bilişsel kısımda tehdit veya tehlikenin değerlendirilmesi yer alır. Korkunun hemen öncesinde zihin yakın bir tehlike algılamıştır. Bu tehlike ile kişinin başa çıkma gücü arasında tehlike lehine bir üstünlük vardır. Kaygıda ise tehdit olasılığı gerçekte olduğundan yüksek, tehdidin sonuçları gerçekte olduğundan daha ağır görünür. Evhama özellikle kaygı durumunda rastlanır. Bu kuruntulu düşünceler geleceğe yöneliktir. Bazen olası kötü sonuçlara yönelik hazırlık yapmakla bazen de bu olasılıklara ayrıntılı bir şekilde dalıp yararlı bir hazırlık yapamamakla sonuçlanır.

Fizyolojik tepkiler korku duygusunda daha yoğundur. Korkunun atak hâlinde yaşandığı durum ise panik atağı olarak tarif edilir. Günlük dilde "panik olmak", "paniklemek" ifadelerini sıklıkla kullanırız. Ancak teknik anlamda panik atağı, korku duygusunun belli bir süre içinde yoğunlaştığı, zirve yaptığı ve azaldığı bir durumdur. Kaygı ve korku durumunda yaşanan çarpıntı, titreme, nefes darlığı hissi gibi bedensel belirtiler bu ataklar sırasında yoğun bir şekilde görülür.

Korku duygusuyla ilişkili temel davranışsal tepki kaçma veya kaçınmadır. Kişi korku veya kaygı yaşadığı durumdan kaçınamadığında, algıladığı tehlikeyle ilişkili olarak güvenlik sağlamaya yönelik davranışlarda bulunabilir.

Korku veya kaygı durumu ortaya çıktığında, kişi bunun sinyalini bedenindeki bazı fizyolojik değişikliklerden alabilir. Çarpıntı, yüzde sıcaklık, karın bölgesinde baskı hissi ve titreme, sık karşılaşılan fizyolojik belirtilerdendir.

Tablo 1: **Kaygı ve Korku Durumunda Yaygın Olarak Görülen Fizyolojik Belirtiler**

1. Kalp atış hızının artışı
2. Nefes darlığı
3. Göğüste baskı hissi
4. Boğulma hissi
5. Baş dönmesi/sersemlik
6. Terleme/sıcak basması/ürperme
7. Bulantı/midede baskı/ishal
8. Titreme/sarsılma
9. Kollarda, bacaklarda hissizlik/karıncalanma
10. Kuvvetsizlik/baygınlık/dengesizlik
11. Kas gerginliği
12. Ağız kuruluğu

Sosyal Kaygı Bozukluğu (Sosyal Fobi)

Sosyal kaygı bozukluğu veya diğer adıyla sosyal fobi, kişinin insanların arasındayken yoğun kaygı duyduğu, insanların olduğu ortamlardan veya insanlarla bir araya gelmekten kaçındığı, mecbur kaldığındaysa bunlara yoğun sıkıntı yaşayarak katlandığı klinik bir durumdur. Sosyal fobisi olan birey yanlış veya eksik bir şeyler yapmaktan, olumsuz değerlendirilmekten, utandırılmaktan korkar. Yoğun korku ve kaçınmayla birlikte ortaya çıkan bulantı, idrara sıkışma hissi, terleme ve sarsılma gibi birtakım belirtiler sosyal kaygı bozukluğunun otonom sinir sistemi üzerindeki etkilerindendir.

Sosyal fobideki kaygının odağında başkaları tarafından fark edilmek ve değerlendirilmek vardır. Fark edilmek ve görünür olmak çoğunlukla istenen bir durumken, aynı zamanda bir tehdit olarak da algılanabilir. İnsanlar tarafından bilinip tanınmak, onlarla ilişki ve yakınlık kurmak için bir gereklilikken, onların olumsuz tutumlarına maruz kalmak açısındansa bir risktir. Sosyal kaygı bozukluğunda, bahsedilen sosyal tehdidin gereğinden fazla algılandığını söylemek yanlış olmaz.

Sosyal fobisi olan kişiler dikkat odağı olmaktan veya utanılacak, aşağılanacak şekilde davranmaktan korkarlar. Bu bireyler her sosyal durumda aynı kaygıyı yaşamayabilir. Sunum yapmak, şarkı söylemek, bir yerde konuşma yapmak gibi dikkat odağı olunan bazı durumlarda yoğun kaygı yaşarlarken, diğer sosyal durumlarda kaygı duymayabilirler. Kimilerininse birileriyle konuşurken, hatta gözlenebilecekleri bir yerde sadece yürürken bile kaygıları olabilir.

Bu kaygı ve korkuyla ilişkili düşünce ve davranışlar sosyal fobiye has nitelikler içerir. Kişiler kızarma, titreme, terleme, sarsılma gibi belirtileri göstermekten korkabilirler. Bu belirtilerin fazla kaçtığını, dışarıdan kolaylıkla fark edildiğini ve olumsuz yorumlandığını düşünebilirler. Tuhaf konuşmaktan, hata yapmaktan veya garip davranmaktan da korkabilirler. Burada garip davranmakla kastedilen, kişinin yürüyüşünde, duruşunda ya da yüz ifadesinde insanlar tarafından olumsuz değerlendirilebilecek nitelikler olmasıdır. Bu olumsuz değerlendirmeler, kişinin başkalarının gözünde hoş olmayan bir şekilde resmedildiği algısıyla kendini gösterir. Bahsedilen bu duygu ve düşüncelerin yanı sıra kişinin davranışları da yaşanan sorunun bir parçasıdır. Aslında bu davranışların çoğu yaşanan kaygıyı azaltmaya ve korkulan riskleri en aza indirmeye yöneliktir. Fakat ne yazık ki bu davranışların önemli bir kısmı istenen sonucu vermez ve sorunun parçası hâline gelir.

Kaygıyla başa çıkmak amacıyla ortaya çıkan davranışları iki temel grupta toplayabiliriz. Birinci grubu, kişinin kaygı yaşayacağı durumlardan uzak durma isteğiyle bağlantılı davranışlar oluşturur. Kişi hangi durumlarda yoğun kaygı yaşadığını zaman içinde fark eder ve onlardan uzak durmaya başlar. İkinci gruptaki davranışlar ise kişinin olay esnasındaki kaygısını azaltmaya ya da var olduğunu düşündüğü riskleri en aza indirmeye yöneliktir. İlk gruptakilere "kaçınma davranışları", ikinci gruptakilere ise "güvenlik arama davranışları" denir. Konuşma yaparken sesinin titreyeceğine, kızaracağına ve bunu fark eden dinleyicilerin onun kaygılı ve yetersiz biri olduğunu düşüneceklerine inanan kişinin konuşma yapmamak için yerine bir arkadaşını ayarlaması kaçınmaya örnek olarak verilebilir. Bu konuşmayı yaptığını varsayarsak, söyleyeceklerini kafasında prova etmesi veya kızardığının görülmemesi için kasket takması da ikinci türden davranışlara örnek olarak verilebilir.

Sosyal anksiyete bozukluğu olan kişilerin yaşadığı çoğu belirti -kendileri her ne kadar çoğu zaman aksini düşünseler de- dışarıdan fark edilmez. Fakat sosyal ortamlardan uzak durdukları, az ve kısa konuştukları ya da göz önünde olmamaya çalıştıkları için mesafeli bulunabilirler. Hatta kimseyi beğenmedikleri, iletişim kurmaya tenezzül etmedikleri ya da ters kişiler oldukları da sanılabilir.

Dışarıdan nasıl göründükleri bir yana, iç dünyalarında yaşadıkları çoğu zaman tatsız deneyimlerdir. Bu kaygıyı yaşamayan kişilerin keyif aldığı birçok durum ve ortamdan keyif alamazlar. Örneğin, iki hafta sonra yapacakları bir sunum zihinlerini kesintisiz bir biçimde meşgul edebilir. Kaygılarından uzak durmaya çabalarken, yakın ilişkilerinde dahi anlaşılamayacakları ya da yanlış anlaşılacakları şekilde davranabilirler.

Sosyal kaygı bozukluğunun şiddetine göre değişmekle birlikte kişilerin iş yaşamları, özel hayatları ve hobileri bu durumdan etkilenebilir. Yapılan çalışmalar bu kişilerin okul ve iş yaşamındaki başarılarının olumsuz yönde etkilenebildiğini, yeteneklerine göre daha basit işlerde ya da geri plandaki pozisyonlarda çalıştıklarını göstermiştir.

Sosyal Kaygısı Olan Her Birey Aynı mıdır?

Bu soruyu hem evet hem hayır diye cevaplayabiliriz. Çünkü sosyal fobinin bazı temel özellikleri bu sorunu yaşayanların çoğunluğunda görülür. Öte yandan, bu kişilerin sorun yaşadığı durumlar, o durumlarla başa çıkma biçimleri, kişilikleri, entelektüel becerileri çok farklı olabilir. 60 yaşındaki ilkokul mezunu bir kadının da, 50 yaşındaki bir üniversite profesörünün de, 16 yaşındaki bir lise öğrencisinin de, 25 yaşındaki bir sporcunun da, bir sinema sanatçısının ya da politikacının da sosyal fobisi olabilir. Kişilik özellikleri açısından düşündüğümüzdeyse içe dönük birinin de sosyal fobisi olabilir (ki çoğunlukla yoktur) dışa dönük birinin de.

Bugüne kadar yapılan çalışmalarda iki farklı türde sosyal fobi olduğu kabul edilmiştir. Bunlardan biri performans tipi ya da eski adıyla kısıtlı tip, diğeri ise yaygın tiptir. Performans tipinde kişi sosyal kaygıyı sadece performans durumlarında, yani bir şey yaparken yaşar. Örneğin bir konuşma/sunum yaparken ya da restoranda yemek yerken. Yaygın tipte ise kişi bir şey yapıyor olsun ya da olmasın, başkalarının etrafında olmasıyla sosyal kaygı yaşayabilir. Yaygın tipte, performans durumlarının yanı sıra karşılıklı iletişim kurarken, başkalarının olduğu bir yerde dururken ya da toplu taşımayı kullanırken de kaygı yaşanabilir.

***Tablo 2:* Sosyal Kaygısı Olan Bireylerin Yaptığı Bazı Davranışlar ve Olası Sonuçları**

Sosyal davranış	Olası sonuçları
Bakışını kaçırma	"Konuşmak istemiyor ya da bir şey saklıyor" algısı
Kararsız ses tonu	"Söylediklerinden emin değil" algısı
Kararsız ifadeler	"Ne istediğinden emin değil" algısı ya da kişinin ne dediğinin tam olarak anlaşılamaması
Tereddütlü jestler	Söylenenle bedensel ifade çelişirse karşıdaki kişi hangisine göre davranacağını bilemez
Kendini açmama	"Yakınlık kurmak istemiyor" algısı
Dostça davranmama	Saldırgan olarak algılanmak
Mesafeli davranma	"İletişim kurmak istemiyor" algısı
Telefonları açmama, aramalara dönmeme	"Konuşmak istemiyor, önemsemiyor" algısı

Kişide Sosyal Kaygı Bozukluğu Olup Olmadığı Nasıl Netleşir?

Bu soruyla kastettiğimiz, sosyal fobi tanısının nasıl konduğu. Elbette bu tanı bir klinisyen tarafından konmalı. Bu bölümün amacı kendi kendinize tanı koymanızı sağlamaktan ziyade klinisyenlerin bu tanıyı neye göre koyduklarını, yani tanı ölçütlerinin ne olduğunu anlamanıza yardımcı olmak. Her türlü bilgiye ulaşmanın çok kolaylaştığı günümüzde, ulaşılan bilginin nasıl kullanıldığı daha önemli hâle geldi. O yüzden, bir kişide sosyal kaygı bozukluğu olup olmadığına yalnızca tanı ölçütlerini okuyarak karar verilemeyeceği unutulmamalı.

Ruhsal rahatsızlıkların tanıları diğer tıbbi hastalıklarda olduğu gibi birtakım tahliller veya tetkiklerle kesinleştirilemez. Bunların yerine, kişilerin yaşadığı belirti ve bulguların nitelik ve niceliklerine bakılır, bu belirtilerin işlevsellik üzerindeki etkileri değerlendirilir.

İşlevsellik kısmı özellikle önemlidir. Ruhsal belirtilerden sayılan birtakım düşünceler, duygular, davranış ve yaşantılar insanın yaşam repertuvarı içinde zaten vardır. Önemli olan, bu belirtilerin kişinin ilişkilerini, mesleki alanını ve boş zamanlarını olumsuz etkileyip etkilemediğidir. Olumsuz etkilemediği sürece bu belirtiler bir "bozukluk" işareti sayılmazlar, normal kabul edilebilirler. Klinisyenler hem ruhsal belirti ve bulguları hem de bunların işlevsellik üzerindeki etkilerini tespit etmede uzmanlaşmıştır.

Dünya Sağlık Örgütü (DSÖ) tüm hastalıkları sınıflar ve tanılarının nasıl konulacağını belirler. Buna göre sosyal kaygı bozukluğu tanısı için Tablo 3'teki ölçütlerin sağlanması gerekir.

***Tablo 3:* Sosyal Kaygı Bozukluğu İçin ICD-10 Ölçütleri**

A. Aşağıdaki iki maddeden birinin bulunması:

1. Dikkat odağı olmaktan veya utanılacak/aşağılanacak şekilde davranmaktan belirgin bir korku duymak.
2. Dikkat odağı olmaktan veya utanılacak/aşağılanacak şekilde davranmaktan belirgin bir şekilde kaçınmak.

(Bu korkular topluluk içinde yemek yemek, topluluğa karşı konuşmak, insanların arasındayken tanıdık birileriyle karşılaşmak veya küçük grup ortamlarına girmek, o ortamlarda kalmak gibi sosyal durumlarda ortaya çıkar.)

B. Agorafobide görülen anksiyete belirtilerinden en az ikisi ile birlikte aşağıdakilerden en az birinin bulunması:

1. Kızarma veya sallantı
2. Kusma korkusu
3. Acil idrara çıkma hissi, işeme ya da altına kaçırma korkusu

C. Bu belirtilerin belirgin bir duygusal sıkıntıya yol açması.

D. Bu belirtilerin veya kaçınmaların mantıksız, aşırı bulunması.

E. Belirtilerin hemen hemen daima sadece korkulan durumlarda veya onları düşününce ortaya çıkması.

Tüm dünyada sağlık sistemleri hastalıkları tanımlamak ve kodlamak için Dünya Sağlık Örgütü'nün ICD (Uluslararası Hastalık Sınıflama Sistemi) kodlarını kullanır. Bu kılavuz belli aralıklarla güncellenir. Halen 10'uncu sürümü kullanılmaktadır. Bunun yanı sıra Amerikan Psikiyatri Birliği'nin (APA) özellikle araştırmalarda kullanılmak üzere geliştirdiği bir diğer tanılama sistemi olan DSM de (Ruhsal Bozuklukları İstatistiksel Sınıflandırma Kılavuzu) yaygın olarak kullanılır. Bu iki sistem birbiriyle büyük oranda benzerdir. Bu kılavuzlar ruhsal bozuklukların tanımını yapmada psikiyatr ve psikologlara yol gösterir.

Sosyal kaygı bozukluğu, DSM'nin 1980'de yayımlanan üçüncü sürümünde sınıflandırma sistemine girmiştir. Güncel sürümünde sosyal kaygı bozukluğu tanısının konulabilmesi için ana ölçüt, kişinin, başkaları tarafından incelenme/değerlendirilme olasılığı taşıyan durumların bir veya daha fazlasında bulunduğunda belirgin biçimde korku ve kaygı duymasıdır.

Bu ölçütün yanı sıra;

- Kişi böyle durumlarda davranışları nedeniyle veya kaygı belirtileri gösterdiği için olumsuz değerlendirileceğinden korkmalı.
- Sosyal durumlar kişi için hemen her zaman kaygı veya korku uyandırmalı.
- Kişi bu durumlardan kaçınıyor ya da bu durumlara zorlukla katlanıyor olmalı.
- Yaşanan korkunun düzeyi o sosyal ortam için beklenenin veya kabul gören sosyokültürel düzeyin dışında/üstünde olmalı.
- Bu duygu ve davranışlar en az 6 ay sürmeli veya ciddi zorlanmaya yol açmalı; kişinin sosyal, mesleki ya da diğer alanlardaki işlevselliğini bozuyor olmalı.
- Bu belirtiler başka bir nedenle, örneğin tıbbi bir durumla, madde/ilaç etkisiyle ya da diğer ruhsal bozukluklarla daha iyi açıklanamıyor olmalı.

"Sosyal fobim var mı?"

Sırada, sosyal kaygınızın düzeyi hakkında kabaca fikir edinmenizi sağlayacak bir anket yer alıyor. Bu anket, klinisyenlerin bireyde sosyal kaygı bozukluğu olup olmadığını tespit etmek ve varsa şiddetini değerlendirmek için kullandıkları bir ölçekten esinlenerek hazırlandı. Eğer anketin sonunda kendinize toplam 20 puandan fazla verirseniz sosyal fobinizin olup olmadığının bir klinisyen tarafından değerlendirilmesinde fayda var. Ankette ne kadar yüksek puan çıkarsa çıksın klinisyen tarafından yapılacak değerlendirmede sosyal anksiyete bozukluğu tanısı almayabilirsiniz.

Sosyal Kaygı Düzeyi Anketi

Açıklama: *Aşağıdaki soruları cevaplarken son bir hafta içinde yaşadığınız durumları düşünün. Eğer son bir haftada sosyal temasınız olmadıysa sıkıntı yaşadığınız bir önceki döneme göre yanıt verin. Toplam puanınıza, anketteki bütün bölümlere verdiğiniz puanları toplayarak erişeceksiniz.*

Birinci bölüm, belli durumlarda bulunduğunuzda ne kadar kaygı duyduğunuzla ilgili. Bu kısımda 7 soru var. Her soru için ayrı ayrı puanlama yapın. Eğer o durum sizi hiç kaygılandırmıyorsa 0, hafif veya nadiren kaygılandırıyorsa 1, orta derecede veya sıklıkla kaygılandırıyorsa 2, ciddi biçimde ya da sürekli sıkıntıya sokuyorsa ve sizi barizce etkiliyorsa 3, aşırı düzeyde sıkıntıya sokuyor veya günlük yaşamınıza tamamen engel oluyorsa 4 puan verin.

	Kaygı puanı (0-4)
1. Toplum içinde veya başkalarının önünde konuşma yapmak	
2. Önemli kişilerle konuşmak	
3. Yabancılarla konuşmak	
4. Mahcup edici veya küçük düşürücü duruma maruz kalmak	
5. Eleştirilmek	
6. Sosyal toplantılarda bulunmak	
7. Birileri seyrederken herhangi bir şey yapmak (konuşma hariç)	

İkinci bölüm, belli durumlarda bulunmaktan ne kadar kaçındığınız/uzak durduğunuz ya da o ortamları terk edip etmediğinizle ilgili. Bu kısımda da 7 soru var. Her bir soru için ayrı puanlama yapın. Eğer o durumdan hiçbir zaman kaçınmıyorsanız 0, nadiren kaçınıyorsanız 1, bazen yani o durumların %50'sinden azında kaçınıyorsanız 2, sıklıkla yani o durumların %50'sinden fazlasında kaçınıyorsanız 3, her zaman kaçınıyorsanız 4 puan verin.

	Kaçınma puanı (0-4)
8. Toplum içinde veya başkalarının önünde konuşma yapmak	
9. Önemli kişilerle konuşmak	
10. Yabancılarla konuşmak	
11. Mahcup edici veya küçük düşürücü duruma maruz kalmak	
12. Eleştirilmek	
13. Sosyal toplantılarda bulunmak	
14. Birileri seyrederken herhangi bir şey yapmak (konuşma hariç)	

Üçüncü bölüm, sosyal kaygı yaşayan bireylerin tecrübe edebilecekleri bazı fiziksel belirtilerle ilgili. Bu kısımda 4 soru var. Her bir soru için ayrı puanlama yapın. Kaygı yaşadığınız esnada o fiziksel belirti hiç ortaya çıkmıyorsa 0, hafif veya çok az sıkıntı veriyorsa 1, orta düzeyde sıkıntı yaratmasına rağmen çoğunlukla sıkıntı vermiyorsa 2, ciddi ya da bariz bir şekilde sıkıntı veriyorsa 3, aşırı derecede sıkıntı veriyor ve günlük yaşamınıza tamamen engel oluyorsa 4 puan verin.

	Fiziksel Belirti Puanı (0-4)
15. Yüz kızarması	
16. Çarpıntı	
17. Titreme veya sallanma	
18. Terleme	

Toplam Puan ___

Sosyal Fobiye Benzeyen Farklı Durumlar

Başkalarının bulunduğu ortamlarda kaygılanmak ya da o ortamlardan kaçınmak her zaman veya tek başına sosyal fobiye işaret etmeye yetmez. Bu durumun ayrımı klinik belirtilerin nitelik ve nicelik bakımından değerlendirilmesiyle ve beraberindeki diğer belirtiler dikkate alınarak yapılır. Başka durumlar da sosyal kaygı bozukluğuna benzer belirtiler gösterebilir; o yüzden bu ayrımın dikkatli yapılması gerekir.

Klinik görünümü yaşam kalitesine etkisi ve seyri bakımından oldukça farklı özellikler taşımasına rağmen negatif (eksi) psikotik belirtilerle sosyal kaygı nadiren de olsa karışabilir. Şizofreni ve şizofreniyle ilişkili psikotik bozuklukların başlangıcında ve ilerleyen dönemlerinde kişilerde sosyal durumlardan rahatsız olma ve bunlardan kaçınma görülebilir. Ancak psikotik bozukluklar sadece sosyal ortamlarda rahatsızlıkla seyretmez. Genellikle kişinin yaşamını etkileyen diğer alanlarla ilgili bozukluklar görülür. Halüsinasyonlar, algı bozuklukları ya da hezeyanlar tarzındaki düşünce bozuklukları gibi. Bu rahatsızlıklarda kişilerin gerçeği değerlendirme biçimleri de bozulur.

Şizoid kişilik bozukluğu ise sosyal geri çekilmenin ön planda olduğu bir başka rahatsızlıktır. Bu rahatsızlıkta insanlarla ilişki kurmaktan kalıcı bir şekilde kaçınma ve duygularda tekdüzelik gözlenir. Cinsellik gibi sınırlı etkinlikler dışında kişi kimseyle yakınlık kurmaz, insanlardan uzak durur. Şizoid kişilik bozukluğunu sosyal fobiden ayırt edici en önemli özellik ise kişinin övgüye ve yergiye karşı duyarlı olmayışıdır. Sosyal fobide, tam aksine, birey dışarıdan gelen geri bildirimlere duyarlıdır.

Karışabilecek hatta sosyal fobi ile birlikte de görülebilecek bir diğer durum agorafobidir. Agorafobi de bir kaygı bozukluğudur ve bazı belirtileri ile sosyal fobiye benzer. Bu bozukluktaki temel özellik, kişinin kolayca kaçamayacağı ya da yardım alamayacağı durumlarda korku yaşaması ve bunlardan kaçınmasıdır. Kişi bu tür durumlarda kaygılandığında tuhaf ya da kontrolsüz davranmaktan, panik atağı geçirmekten ya da altına kaçırmaktan korkabilir. Her iki durumda da kişi korkusunu "rezil olmaktan korkmak" şeklinde tanımlar. Fakat sosyal kaygı bozukluğunda başkalarınca izlenen etkinliklerde süreğen bir kaygı yaşanır. Agorafobide ise kişinin fiziksel veya ruhsal açıdan çaresiz kalacağı bir durumun ortaya çıkması ve bundan kurtulamama korkusu vardır.

Yaygın anksiyete bozukluğunda da sosyal ortamdan kaçınma görülebilir. Ancak yaygın anksiyete bozukluğunda kaçınılan sosyal ortamla ilgili kaygının odağı başkaları tarafından eleştirilmek ya da mahcup olmaktan çok, kişinin başa çıkamayacağını düşündüğü birçok meseleden biridir. Çünkü yaygın anksiyete bozukluğunda, kişinin yaşamda karşılaşılabilecek birçok sorunla ilgili endişeleri olur. Bu endişeler işteki problemler gibi dışsal sorunlarla da ilgili olabilir, bedensel hastalıklar gibi içsel sorunlarla da.

Sosyal Fobi Ne Değildir?

Yeri gelmişken sosyal fobinin ne olmadığından da bahsetmek gerek. Çünkü sosyal kaygı yaşayan bireylerin kendileri veya yakınları bu konuda bazı yakıştırmalar veya etiketlemeler yapabiliyor. Sosyal kaygısı olan bireyler kendilerini özgüvensiz olarak tanımlayabiliyor mesela. Kendilerinde aşağılık kompleksi olduğunu düşünebiliyorlar. Ya da yakınları onları asosyal olarak tanımlayabiliyor. Bir anne, sosyal kaygısı olan oğlu için "Bizimki pek yabanidir, insan içine çıkmayı sevmez" gibi laflar edebiliyor. Oysa bunların hiçbiri sosyal kaygıyı tanımlayamaz. Uygun da değiller, doğru da.

Öncelikle şu özgüven meselesine değinelim. Özgüven nedir? Kişinin kendine güvenmesi mi? Kendini olumlaması mı? Başarılı olacağına dair bir inanç taşıması mı? Peki, özgüven sahibi sayılması için kişi belli bir konuda mı kendine güvenmeli, yoksa her konuda mı? Mesela araba kullanmayı yeni öğrenmekte olan birinin bu becerisine güvenip trafiğe çıkması iyi bir şey midir? Sosyal fobisi olan ve az tanıdığı kişilerin yanında isteklerini dile getirirken kaygılanan birini düşünün. Bu kişi vahşi hayvanlara bakıcılık yapıyorsa, büyük ameliyatlar gerçekleştiren bir cerrahsa ya da birçok çocuğun hayatına dokunan başarılı bir öğretmense özgüven sahibi midir, yoksa özgüven yoksunu mu? Kısacası özgüvenin anlamı bile net değil. Diyelim ki kişinin eylemlerine yönelik kararlılığını özgüven olarak tanımladık. O hâlde özgüven neden midir, sonuç mu? Taksi şoförleri özgüvenli oldukları için mi iyi ve etkili hatta bazen fazla etkili (!) araba kullanırlar, yoksa her türlü şartta ve yolda, pek çok kişiye göre daha fazla araba sürdükleri için mi özgüvenlidirler?

Asosyal ya da yabani gibi tanımlamalar da gerçekte hiçbir bilgi vermeyen yaftalardır. Aksine insanlardan uzak durmanın işlevsel olduğu durumlar da vardır. İnzivaya çekilmek insana bazen iyi de gelir. Kişi sosyal durumlarda bulunmaktan acı çektiği için insanlarla temasını azaltıyorsa ona asosyal demek haksızlıktır.

Aşağılık kompleksi ise bambaşka bir konu. Toplumsal yapı içinde hepimiz başkalarına göre daha kısa, daha bilgisiz, daha güçsüz ya da daha beceriksiziz. Tüm alanlarda ve her durumda en iyi olanımız yok.

Şimdi şunu denemenizi istiyorum: Tamamen emin olduğunuz bir konuda sürekli düşünmeye başlayın. Mesela şu an bu kitabı okuduğunuza eminsiniz, değil mi? Gözlerinizi kapatın ve bu kitabı okuduğunuza nasıl emin olabildiğinizi düşünün bir süre. Bu konuda kanıtlar geliştirmeye çalışın.

Bu sürecin sonunda çoğumuzda ya bir anlamsızlık hissi, ya kitaba yabancılaşma hissi ya da okuduğumuzdan emin olmak için gözlerimizi açıp kitabın kapağına bakma isteği doğar. Çünkü bir şeyi fazla sorguladığımızda belirsizlik hissi artmaya başlar. İşte aşağılık kompleksi de bir yanıyla böyledir. Toplumdaki yerimiz hakkında uzun uzun düşünmeye başladığımızda hepimizde bir tür kompleks oluşur.

Sosyal Fobi Ne Kadar Yaygındır ve Kimlerde Görülür?

İnsanların %3 ila %13'ünde yaşamlarının bir döneminde sosyal fobi görülebileceği bildirilmiştir. Bu oranlarda rahatsızlığın eşik noktasının ve kullanılan ölçütlerin de önemli olduğunu hatırlatmakta fayda var. Bunun yanı sıra sosyal kaygının daha hafif şekillerinin toplumda daha yaygın olduğu kabul edilmektedir. Toplumdaki bireylerin büyük bir kısmı zaman zaman sosyal olarak ketlenebilmekte, olumsuz değerlendirilmekten endişe etmekte ve yetersizlik duyguları yaşayabilmektedir. O yüzden sosyal kaygıyı bir spektrum gibi düşünebiliriz. Spektrumun bir ucunda, hemen hiçbir ortamda sosyal kaygı yaşamayan bireyler yer alır ki bu çoğu zaman istenir bir durum değildir. Bu grubu belli olumsuz durumlarda ya da değerlendirilmelerde kaygı yaşayanlar takip eder. Spektrumun diğer yarısı sadece performans durumlarında kaygı yaşayanlarla başlar. Bu grubu hemen her durumda kaygı yaşayan yaygın tip sosyal fobisi olan bireyler izler. En uçta ise ileride ayrıntılı bir biçimde bahsedeceğimiz çekingen kişilik bozukluğu olanlar yer alır.

Sosyal kaygı bozukluğunun kadın ve erkeklerde görülme oranı birbirine oldukça yakındır. Kadın/Erkek oranı 3/2'dir. Ancak bazı çalışmalarda bu fark %1-1,5'a kadar inmiştir. Sosyal kaygı bozukluğu için yardım arama davranışı bakımındansa kadınlarla erkekler arasında fark yoktur.

Yaygınlık oranlarındaki bu büyük farklılığın birkaç nedeni olduğu düşünülmektedir. Bunlardan biri, tanıların hangi sisteme göre konulduğudur. DSM sistemine göre yapılan değerlendirme ile ICD sistemine göre yapılan değerlendirme, sonuçlar üzerinde böyle bir etki yaratabilir. DSM tanı sisteminden farklı olarak, ICD tanı sistemi fizyolojik yani idrara sıkışma, kızarma gibi bedensel belirtileri vurgular. Belirgin fizyolojik belirtileri olmayan bir kişi yoğun sosyal kaygı yaşasa bile ICD'ye göre sosyal kaygı bozukluğu tanısı almayabilir.

Diğer bir önemli konu ise kültürel etkilerdir. Kültürel farklılıkların sosyal fobide görülen belirtiler ve bozukluğun eşiği üzerinde etkili olduğu ileri sürülmektedir. İçe dönüklüğün olumsuz görüldüğü toplumlardaki belirti şekilleri ve oranları ile susmanın, itiraz etmemenin onaylandığı toplumlardaki belirti şekilleri ve bozukluk oranları birbirinden farklı olabilir. Örneğin Çinli ve Amerikalı örneklemlerde yapılan bir araştırmada utanma duygusunun Çinlilerde sosyal kaygı ile daha belirgin bir ilişki gösterdiği bulunmuştur. Özellikle Japonya'da görülen ve "Taijin-kyofu-sho" adı verilen ruhsal rahatsızlık, sosyal fobinin kültüre özgü tezahürüne çok güzel bir örnektir. Bu rahatsızlıkta kişiler bakışları, tavırları veya yüz ifadeleriyle başkalarını rahatsız etmekten veya utandırmaktan korkarlar. Kültürel etkiler birbirinden uzak ülkelerde de kendini gösterebilir, aynı ülke içinde de. Örneğin Türkiye gibi farklı kültürlerin bir arada yaşandığı bir ülkede bazı bireyler tıpkı Taijin-kyofu-sho'da olduğu gibi başkalarını rahatsız etmekten korktuklarını ifade edebilirler. Bu durumda da o kişilerin sosyal kaygılarının olduğunu kabul etmek gerekir.

Sosyal Fobi Bireyin Yaşamını Nasıl Etkiler?

İnsan sosyal bir canlı türü olduğuna göre, sosyal fobi bireyin yaşamını çok etkiler. İnsan bir birey olmanın ötesinde, başta aile sonra da toplum olmak üzere, sosyal bir sistem içinde yaşar. Aileden alışveriş yapılan yerlere ve okuldan işyerine kadar, yaşamın içindeki alanların önemli bir kısmını insanlarla paylaşırız. Sosyal fobi, kişinin yaşamını sıkıntının şiddetine ve belirtilerin yaygınlığına göre etkiler. Belirtiler karşı cinsle etkileşim sırasında, çok kalabalık bir ortamda veya hafif bir kalabalıkta ya da otorite figürleriyle iletişim kurarken daha fazla ortaya çıkabilir.

Tablo 4'te de göreceğiniz gibi yaşamın her alanında sosyal kaygıyı tetikleyecek bir durum olabilir. Ancak sosyal fobisi olan çoğu birey insanlarla yakınlık kurabilir ve onların yanındayken, özellikle de baş başa kaldıklarında işlevsellikleri iyi olabilir. Öte yandan, bu olumlu özellikleri sorun yaşanmayacağını garanti etmez. Örneğin, yakın arkadaşının yanında kendini rahat hissederken, arkadaşının bir tanıdığı ortama dahil olduğunda kişide kaygı belirtileri ortaya çıkabilir. Eşiyle ilişkisi çok iyi olan biri onun akrabalarının ya da arkadaşlarının bulunduğu ortamda sıkıntı yaşayabilir. Bu zorluklar kişinin alınganlık göstermesine, kaygılı olmasına ve sosyal ortamlara dahil olamamasına yol açabilir.

***Tablo 4:* Sosyal Kaygının Tetiklendiği Durumlar**

Karşı cinsten biriyle konuşmak
Kişinin yakından tanımadığı biriyle konuşması
Otorite sahibi biriyle konuşmak
Kişinin hoşlandığı, önem verdiği biriyle konuşması
Kişinin eleştirel özellikleri olduğunu düşündüğü biriyle konuşması
Kişinin görüşlerine katılmadığı birine bunu söylemesi
Kişinin daha sosyal bulduğu biriyle konuşması
Kişinin daha popüler bulduğu biriyle konuşması
Kişinin statü olarak daha yüksek gördüğü biriyle konuşması
Kişinin birinden bir şey istemek ya da talep etmek için konuşması (Bu istek ve talepler kişinin kendisi için değilse bazen kaygı oluşmayabilir.)
Kişinin kendine rakip olabilecek ya da onu rakip olarak algılayabilecek biriyle konuşması
Toplum içinde kendini tanıtmak
Yemeklere katılmak
Özellikle, lüks yerlerde yemek yemek
Alışveriş yapmak
Düğün, kutlama veya cenazelere katılmak
Birine soru sormak
Pazarlık etmek
Umumi tuvaletleri kullanmak
Herkesin göreceği bir yerde oturmak
İnsanların olduğu bir yerden koşarak geçmek
Telefonla konuşmak
Başkalarının olduğu bir yerde telefonla konuşmak

Eğitim hayatında ise kişi derslerde soru sormak ve grup çalışmalarına katılmakta zorluklar yaşayabilir. Sözlü sınavlarda kaygısından dolayı ders notu düşebilir. Eğitim hayatı boyunca önüne çıkan fırsatlarla ilgili girişken davranmaktan kaçındığı için bazı alanlarda başarı düzeyi de düşebilir. Benzer bir olumsuzluk iş yaşamında da karşımıza çıkar. Bireyin sosyal kaygı yaşadığı bir iş ortamında amiriyle, mesai arkadaşlarıyla iletişimi ve işyerindeki rekabet sıkıntı verici olacaktır. İş ortamında yapılan toplantılar, sunumlar ve tartışmalar kaygının yaşandığı durumlara dönüşecektir. Tabii bu sıkıntılar kişinin işyerindeki ilişkilerini ve performansını da etkileyebilir. Performansını doğrudan etkilemese bile, işyeri o kişi için yoğun sıkıntının yaşandığı bir yer hâline gelir. İnsan sürekli sıkıntı yaşadığı bir yere pek de motive olmuş bir şekilde gitmez. Bu durumda kişinin o işyerinde zorlanması şaşırtıcı değildir. Sosyal fobisi olan bazı bireyler, daha çok sosyal etkileşim ve daha çok performans gerektireceğinden terfi etmekten kaçınırlar. Daha az maaşla, daha geri planda oldukları işleri veya pozisyonları tercih ederler.

Yardım aramanın gecikmesi kişinin yaşamını etkileyen önemli meselelerden biridir. Birçok kimsenin çeşitli nesnelere, canlılara veya durumlara fobisi vardır. Bu kişilerin çoğu bu fobiyle ilişkili rahatsızlık duyar ve bu durum yaşamlarını etkilemeye başladığında bir uzmandan yardım ister. Ancak sosyal fobi bir rahatsızlık ve çözülmesi gereken bir zorluk alanı değil de, bir eksiklik veya zayıflık olarak görüldüğünde kişi yardım arayışına girmez. Araştırmalar sosyal kaygı bozukluğu yaşayan çok sayıda bireyin 10 yılı aşkın bir gecikmeyle bir uzmandan yardım istediğini göstermiştir.

Sosyal Fobiyle Birlikte Görülebilen Ruhsal Sorunlar Nelerdir?

Sosyal kaygı bozukluğunun tek başına görüldüğü durumlar olabilir. Öte yandan, sosyal kaygı bozukluğu ile birlikte başka ruhsal sorunların görülmesi de nadir değildir. Aynı şekilde başka türlü anksiyete bozuklukları, örneğin yaygın anksiyete bozukluğu, panik bozukluğu ya da hayvan/asansör/yükseklik fobisi gibi özgül fobileri olan bireylerde hafif, orta veya şiddetli düzeyde sosyal kaygı da görülebilir.

Sosyal fobi diğer birçok anksiyete bozukluğuna göre daha erken yaşlarda başlar. Tipik olarak çocukluk döneminin sonlarında ya da ergenlik döneminin başlarında belirtilerin kişiyi etkilemeye başladığı söylenebilir. Tedavi edilmediğinde, bu durumun başka ruhsal rahatsızlıkların ortaya çıkmasında etken olabildiği görülmektedir. Esas sorunu sosyal fobi olan bireylerin üçte ikisi ila dörtte üçü, yaşamlarının bir döneminde başka bir ruhsal bozukluğun daha tanısını alabilir.

Sosyal fobiyle birlikte ortaya çıkabilen diğer ruhsal rahatsızlıklarla ilgili olarak üç ayrı durumdan söz edebiliriz.

Bunlardan birincisi depresyondur: Sosyal kaygı bozukluğu olan bireylerin üçte birinden fazlasında aynı zamanda depresyon olduğunu gösteren araştırmalar var. Sosyal fobisi olan birçok bireyin çoğu zaman hafif düzeyde de olsa çökkünlük (depresyon) belirtileri göstermesi şaşırtıcı değildir. Yaşamın birçok alanında sosyal ilişkiler var ve bu ilişkiler sosyal fobisi olan bireylerce hoş deneyimler olarak yaşanmaz. Hatta bazen fazla nahoş deneyimlere dönüşür. Depresyon, ilgi ve istek kaybıyla birlikte görüldüğünden, sosyal kaygının kısır döngüsünün sürmesiyle ve kişinin iyileşebileceğine dair ümitsizliğinin artmasıyla da ilişkilidir.

İkinci sorun alanı, madde ve/veya alkol kullanım bozukluklarıdır. Alkolün genel olarak kaygıyı, özeldeyse sosyal ortamlarda ortaya çıkan kaygıyı azaltma özelliği vardır. Bu özellik bazı sosyal kaygılı bireyler tarafından fark edilip sürekli alkol kullanmaya başlandığında bu durum âdeta kendini alkolle tedavi etme davranışına dönüşür. Ancak alkolün yarattığı rahatlama geçicidir ve kişi alkollüyken yaşadığı olayları ve durumları sonradan olumsuz bir biçimde değerlendirir. Bu da uzun vadede sıkıntının sürmesi demektir. Maddelerle ilgili olarak da benzer bir süreç söz konusudur: Kısa vadede kişide daha olumlu düşünce ve duygular ortaya çıkarken uzun vadede sosyal kaygı devam eder. Tabii böyle durumlarda önemli bir uzun vadeli sonuç daha karşımıza çıkar ki, o da bağımlılık yapma potansiyelleri oldukça yüksek olan bu maddelerle ilgili kullanım bozukluklarıdır.

Üçüncü sorun alanı ise başka bir anksiyete bozukluğunun var olmasıdır. Yükseklik ya da hayvan fobisi gibi basit fobiler, yaygın anksiyete bozukluğu ve agorafobi sosyal kaygı bozukluğuyla birlikte en sık görülen anksiyete bozukluklarıdır. Bunların varlığı, kişinin sosyal bir ortamda değilken veya sosyal bir ortamı düşünmüyorken bile sıkıntı yaşaması anlamına gelir.

Sosyal fobi, saydığımız bu tanı grupları dışındaki ruhsal bozukluklarla, örneğin bipolar bozukluk, şizofreni ve obsesif kompülsif bozuklukla beraber de görülebilir. Ancak bu beraberliğin sosyal fobiyle doğrudan ilişkisi yoktur.

Sosyal Anksiyete Bozukluğuna Örnek Vakalar

Şunu unutmamak gerekir ki, ruhsal rahatsızlıklar, oldukça kişiye özgü bir şekilde yaşanır. O yüzden, kişide sosyal kaygı belirtilerinin hepsi birden bulunmak zorunda değildir. Burada, sık görülen belirtileri ve bunların görülüş şeklini temsil etmek üzere iki olgu örneği paylaşacağız.

Vaka 1

Ayşe 21 yaşında. Tıp fakültesi dördüncü sınıf öğrencisi. Ailesinin yaşadığı şehirden 100 km uzaktaki başka bir şehirde, öğrenci yurdunda kalıyor.

Yakınmaları: Okuldaki stajlarda sunum yaparken yoğun kaygı duymak, sunumlar sırasında kızarmak, terlemek ve mide bulantısı yaşamak. Bu durumdan rahatsız olduğu için son stajında sunum günü okula gitmemiş ve o stajdan kalmış.

Ayşe'nin ilk yakınmaları lise yıllarında başlamış. İlk ve ortaokul döneminde aktif bir öğrenci olduğunu ve okuldaki etkinliklerde görev almaktan kaçınmadığını söylüyor. Sınavla kazandığı bir liseye başlamış. O dönemde sözlü sınavlarda kaygı yaşadığını, kalabalık ortamlarda konuşmaktan kaçındığını, öğretmenlerinin bu durumunu bildiğini ve başarılı bir öğrenci olduğu için onu zorlamadıklarını belirtiyor. Ortaokul son sınıfta, 23 Nisan töreninde okulun önünde bir şiir okuduğunu ancak şiiri okurken sesi kısılınca ön sıralardaki öğrencilerin yüksek sesle güldüğünü ve bu olayın ona kendini çok kötü hissettirdiğini hatırlıyor. O olaydan sonra okul hayatı boyunca kalabalığa karşı hiç konuşma yapmamış. Ancak şu anda okuduğu fakültede dördüncü sınıftan itibaren stajlarda hasta sunulduğunu, hemen her stajda içinde hocaların da bulunduğu yaklaşık 20 kişilik bir gruba sunumlar yapmaları gerektiğini, hasta sunarken de heyecanlandığını ama sunumlar sırasında bu heyecanının çok daha fazla olduğunu ifade ediyor.

Sosyal yaşamı ve arkadaşlık ilişkileri sorulduğunda birkaç yakın arkadaşı olduğunu, onlarla haftada birkaç kez görüştüğünü ve ortak etkinliklerde bulunduğunu bildiriyor.

Ayşe'nin annesi 47 yaşında ve halen öğretmenlik yapıyor. Babasıysa 49 yaşında ve aktif olarak avukatlık yapmaya devam ediyor. Ayşe ailenin ilk çocuğu. Bir de erkek kardeşi var. Ayşe, aile ilişkilerinin iyi olduğunu belirtiyor. Annesinin mükemmeliyetçi ve ona çok destek veren biri, babasınınsa çalışkan ve ilgili bir baba olduğunu, ikisiyle de herhangi bir sorun yaşamadığını, kardeşiyle de iyi geçindiklerini aktarıyor.

Vaka 2

Mehmet 40 yaşında. Muhasebeci. Evli ve iki çocuğu var.

Yakınmaları hemen her türlü ortamda ortaya çıkabiliyor. Toplu taşıma araçlarını kullanırken, işyerinde çalışma arkadaşlarından bir şey isterken, patronuyla konuşurken ya da bir alışveriş merkezinde kıyafet almak için mağazaya girdiğinde sıkıntı, bunaltı ve baş dönmesi hissediyor. Tanımadığı insanların olduğu ortamlara mümkün olduğunca girmiyor ve mecbur kalmadıkça başkalarıyla diyalog kurmuyor. İşyerindekilerin sohbetlerinden hoşlanmadığını, davranışlarından ve ilgi alanlarından hazzetmediğini belirtiyor. Eşi ve çocuklarıyla baş başayken kendini rahat, mutlu hissettiğini ancak dışarıdan biri aralarına katıldığında sıkıldığını ve ortamdan keyif alamaz olduğunu bildiriyor. Toplu taşıma araçlarında yoğun sıkıntı yaşamaya ise son zamanlarda başlamış. Son bir aydır kaygılarının çok arttığını, artık kendini çökkün, çaresiz ve mutsuz hissettiğini ve eşinin tavsiyesi üzerine doktora gelmeye karar verdiğini söylüyor.

Kendini bildi bileli çekingen biri olduğunu ve az sayıda arkadaşı bulunduğunu bildiren Mehmet, ilk yakınmalarının ortaokulda başladığını, kaygı ve çekingenlikten dolayı derslerde söz alamadığını, öğretmenlerinin çoğunun onun başarısız bir öğrenci olduğunu düşündüğünü, bu yüzden de ailesinin onu bir meslek sahibi olması için ticaret lisesine kaydettirdiğini hatırlıyor. Üniversite sınavını kazandığını ancak fakültedeki ilk yılında yeni kişilerle tanışmakta çok zorlandığını, derslere hep en son girip en önce çıkmak suretiyle mümkün olduğunca ortalarda görünmeyerek "durumu idare etmeye" çalıştığını; iç sıkıntısının, bunaltısının ve isteksizliğinin çok fazla olduğunu; aşırı uyuma isteği nedeniyle birinci sınıfın ikinci döneminde okula gitmediğini ve bazı derslerden bu yüzden kaldığını ifade ediyor. O yaz çok fazla uyuma, isteksizlik ve bunaltı şikâyetleriyle doktora başvurduğunu ve depresyon tanısı konularak antidepresan ilaç tedavisi önerildiğini, bu tedavinin bir yıl sürdüğünü, çökkünlük belirtileri bakımından bu tedaviden kısmen fayda gördüğünü söylüyor. Sonrasında okulu yarıda bırakıp ön lisans diploması alarak çalışma hayatına başladığını belirtiyor.

İş yaşamında çok titiz, çalışkan biri olmasına karşın az konuştuğu ve kendini ifade edemediği için zaman zaman haksızlığa uğradığını, daha iyi pozisyonlara gelmesine kaygılarının engel olduğunu düşünüyor.

Sosyal ilişkileri sorulduğunda vaktinin çoğunu evde ailesiyle geçirdiğini, akrabalarını mecburen ziyaret edip mecburen eve davet ettiğini ancak yakın akrabaları da dahil, insanların yanında sıkıldığını ve çok fazla arkadaşının olmadığını bildiriyor.

Annesi iki yıl önce akciğer kanseri nedeniyle 66 yaşında yaşamını yitirmiş. İlkokul mezunu bir ev hanımıymış. Babası halen sağ ve ortaokul mezunu bir işçi emeklisi. Mehmet dört çocuktan üçüncüsü. Çocukluğunun ciddi maddi sıkıntılar içinde geçtiğini, annesiyle babasının zaman zaman parasal ve ailevi konulardan dolayı tartıştıklarını, evde kardeşler arasında da kavga ve atışmanın çok olduğunu hatırlıyor. Annesini sakin, fedakâr, duygusal ve içe kapanık, babasını ise sinirli ve sevgisini pek belli etmeyen biri olarak tanımlıyor. Kardeşlerinden en büyükleri olan ablasıyla görüştüğünü, kendinden 2 yaş büyük ağabeyi ve 4 yaş küçük kardeşiyle ise uzun zamandır küs olduğunu ifade ediyor.

Örnek Vakalara İlişkin Değerlendirme: Verdiğimiz olgu örneklerinde yer alan noktalar klinisyenlerin karşılarındaki kişiyi değerlendirirken öğrenmek istedikleri bilgilerin bir kısmını içeriyor. Bu bilgiler belirtilerin ne zamandır ve ne şiddette görüldüğü sorularına yanıt olduğu gibi, kişinin mizaç özelliklerine ve hikâyesinde kişilik gelişimini etkileyebilecek yaşamsal olayların olup olmadığına dair ipuçları da sunar. Klinisyen, bireyin biyolojik-genetik, psikolojik ve sosyal olarak bütüncül bir değerlendirmesini yapar.

Şimdi, verdiğimiz iki örneğe yakından bakalım.

Birinci örneğimizdeki genç kadın kişilik özelikleri bakımından içe dönük olmayan, eğitim yaşamında başarılı ve lise dönemine kadar da aktif olmuş bir öğrenci. Ailesel özelliklerine baktığımızdaysa ortalamanın üzerinde zorlayıcı ya da travmatik bir durum yok. Genç kadının aile içi iletişimi iyi. Devamlı görüştüğü yakın arkadaşları da var. Fakat sosyal kaygısı mesleki gelişimini etkileyecek düzeyde.

İkinci örneğimizdeki Mehmet ise halen erişkinlik döneminde ve oldukça çalışkan biri. Ancak sosyal kaygısından dolayı geçmişte ciddi bedeller ödemiş. Okulunu bitiremediği için ön lisans diplomasıyla yetinmek zorunda kalmış. Daha sonraki süreçte ise bilgi ve yeteneklerinin altında bir mesleki konumda olmanın sıkıntısını yaşamış. Çekirdek aile ilişkileri iyi olmasına karşın hem geniş aile ilişkilerinde hem işyerindeki hem de işyeri dışındaki akran ilişkilerinde sorunlar yaşıyor. Kişilik özelliklerine baktığımızda çekingenliği belirgin. Çocukluğundaysa belirgin zorluklar yaşadığı anlaşılıyor.

Kişilik özellikleri, geçmiş deneyimleri, yaş ve cinsiyetleri farklı olan bu iki kişinin ortak noktası sosyal kaygı bozukluğu yaşamaları. Kişilerin sorun yaşadığı durumlar, sorunun süresi ve yaşam kalitesine etkisi, sosyal fobi tanısının konulmasında belirleyici olmuştur.

İKİNCİ BÖLÜM

SOSYAL KAYGI BOZUKLUĞU NEDEN OLUR?

Yaşam Olaylarının Sosyal Fobiye Etkisi

Bugünkü bilimsel bilgimiz, hemen hemen bütün ruhsal bozuklukların genetik ve çevresel faktörlerin etkileşimiyle ortaya çıktığını gösteriyor. Yaşam olaylarının ruhsal rahatsızlığa ve tedaviye etkisi bu nedenle bilimin ilgi alanındadır.

Sosyal fobisi olan bireyler yaşamlarında mutlaka önemli olumsuz olaylar deneyimlemiştir diyemeyiz. Aynı şekilde, önemli olumsuz olaylar yaşamış kişilerde mutlaka sosyal kaygı bozukluğu ortaya çıkar da diyemeyiz. Ancak araştırmalarda sosyal kaygı bozukluğu olan bireylerin çocukluklarında daha fazla olumsuz yaşam olayı deneyimlediği gösterilmiştir. Çocukluk döneminde akranlarının zorbalığına uğradığını bildiren kişilerin sosyal kaygısının daha yüksek olduğu ve başkaları tarafından olumsuz değerlendirilmekten daha fazla korktukları bulunmuştur. Hem kayıp, hastalık ve travma gibi genel olumsuz yaşantıların hem de çocukluk döneminde eleştirilmek, alaya maruz kalmak, akran zorbalığına uğramak gibi sosyal deneyimlerin sosyal fobiye etkisi olduğu düşünülmektedir. Çocukluk döneminde cinsel saldırıya uğrayan kişilerin üçte birinden fazlasında sosyal kaygı bozukluğu olduğunu gösteren çalışmalar var. Bu oran aynı kişilerde travma sonrası stres bozukluğu görülme oranından yüksek.

Çocuklukta duygusal kötüye kullanıma maruz kalmak, anne baba ayrılığını olumsuz biçimde yaşamak, ailede ciddi çatışmaların olması, aşırı korumacılıkla büyütülmek ve sözel şiddete uğramak gibi deneyimler sosyal kaygı bozukluğu riskinin artmasıyla ilişkilendirilmiştir. Fakat akranlarla ve yakın çevreyle yaşanan olumsuz sosyal deneyimler düşünüldüğünde, bunların sosyal fobinin nedeni mi, yoksa sonucu mu olduğu net değildir. Daha açık bir ifadeyle, erken yaşlardan itibaren sosyal kaygısı olan bireyler ilişkilerinde daha kaçıngan, uzak, alıngan oldukları için mi olumsuz olaylar yaşıyorlar, yoksa diğerleri tarafından olumsuz değerlendirildiklerini ve dışlandıklarını bu olaylar sonucunda mı öğreniyorlar? Bu sorunun cevabını henüz bilmiyoruz.

Mizaç ve Kişilik Özelliklerinin Etkisi

Mizaç, biyolojik ve genetik temeli olan doğumsal, ancak çevresel etkileşimle bazı değişikliklere uğrayabilen davranışsal özellikler olarak tanımlanabilir.

Birçok mizaç teorisi ve farklı mizaç tanımlaması var. Kimi modeller sosyallik, aktivite ve duygusallık gibi üç maddeli yapılar önermiş. Kimi modeller ise yaklaşma (dışarıdaki durum ve kişilere yakın veya uzak olma durumu), etkinlik, yiyecek seçme, ritmiklik (günlük uyku, enerji, ruh hâli gibi değişkenlerin ritmi), yönetilebilirlik, uysallık, eşgüdüm, sinirlilik ve tutarlılık maddelerini içeren daha geniş kapsamlı tanımlar getirmiş.

Çocukların yabancı bir duruma veya yabancı kişilere verdikleri tepki bütün modellerde mizaç boyutları içinde yer alır. Yabancı/yeni bir durum veya kişiyle karşılaştıklarında bazı çocukların davranışları yavaşlar, etkinlikleri azalır, korku ve utangaçlık duyguları ortaya çıkar. Bu durum "davranışsal ketlenme/engellenme" olarak adlandırılır.

Davranış ketlenmesi 1980'li yıllardan itibaren üzerinde çokça çalışılmış bir alandır. Yeni durumlarla karşılaşıldığında tedbirlilik, kaçınma ve utangaçlık şeklinde tepki verilmesi olarak tanımlanmıştır.

Alanda yapılan araştırmalar davranış ketlenmesini anksiyete bozukluklarıyla, özellikle de sosyal kaygı bozukluğu ve panik bozuklukla ilişkilendirmiştir. Davranış ketlenmesi olan ve olmayan çocukların ebeveynleri karşılaştırıldığında, davranış ketlenmesi olan çocukların ebeveyninde daha yüksek oranda sosyal kaygı bozukluğu olduğu gösterilmiştir. Çocukluğunda davranış ketlenmesi olan bireylerin yarısından azının erişkin dönemde sosyal kaygı bozukluğu tanısı aldığı bulunmuştur. Ancak, aynı çalışmada, çocuklukta davranış ketlenmesi olmayanların %12 oranında sosyal kaygı bozukluğu geliştirdiği de gözlenmiştir. Davranış ketlenmesi olan çocukların ileri dönemde başka birtakım kaygı bozuklukları geliştirdiğini gösteren bulgular da mevcuttur.

Eldeki tüm veriler dikkate alındığında, davranış ketlenmesinin sosyal kaygı bozukluğu riskini artırdığı söylenebilir. Fakat davranış ketlenmesi, sosyal kaygı bozukluğu için bir öncül değildir. Yani davranış ketlenmesi olan çocukların ileride bir kaygı bozukluğu yaşama ihtimalleri daha fazla olmakla birlikte sosyal fobiye sahip olmaları mutlak bir sonuç değildir. Ayrıca çocukluğunda davranış ketlenmesi olmayan bireyler de sosyal kaygı bozukluğu yaşayabiliyorlar.

Kişilik bozuklukları arasında sosyal kaygı bozukluğuyla en çok ilişkilendirilen ise çekingen kişilik bozukluğudur. Tanı ölçütlerine bakıldığında bu iki klinik durumun birbiriyle kesişen birçok tarafı olduğu görülebilir. Kişinin çekingen kişilik bozukluğu tanısı alması durumunda sosyal kaygı bozukluğu tanısı da alması neredeyse kaçınılmazdır. Öte yandan, sosyal kaygı bozukluğu tanısı alan kişilerin beşte biri ila üçü çekingen kişilik bozukluğu tanısı alır. Her iki durum da ergenlik ve erken erişkinlikte görülmeye başlandığından, birinin ötekinin nedeni veya sonucu olduğu düşünülemez. Çekingen kişilik bozukluğundaki temel fark, belirtilerin daha ağır seyretmesi, kişinin tedavi motivasyonunun daha düşük ve sosyal becerilerinin daha zayıf olmasıdır. Çekingen kişilik bozukluğu yaşayan bireyler, bu durumlarıyla ilgili sorunu genellikle etrafında görme eğilimindedir. Kendi değişimlerine inançları azdır. Ancak yardım almaya karar verirlerse sosyal kaygıyla ilgili tedaviler onlar için de yarar sağlar.

Sosyal Fobi Genetik midir?

Genetik ile ilgili yapılan çift taraflı çalışmalar, sosyal fobisi olan ebeveynlerin çocuklarında sosyal fobi görülme riskinin daha fazla olduğunu, sosyal fobisi olan bireylerin ana babalarında da aynı şekilde daha sık sosyal fobi görüldüğünü ortaya koymuştur. Bu çalışmaların bulguları, depresyon ya da kaygı bozuklukları için genel bir genetik risk olduğunu göstermektedir. Yani genetiğin sadece sosyal kaygı bozukluğuna özgü bir risk olmadığı söylenebilir.

Bir başka sonuç ise akraba olan kişilerin sadece genetiği değil, çevresel faktörleri de paylaştığıdır. Gen ve çevre etkileşimi riski artırmada önemli bir faktör olduğundan, yakın akrabalık iki durum üzerinden de etki eder. Örneğin, davranış ketlenmesi olan bir çocuğun annesinin sosyal kaygı bozukluğunun olduğunu düşünelim. Annenin çocuğun ketlenmesini gördüğündeki tavrı önemlidir. Daha atılgan olması için onu ketlendiği durumlarda utandırması, belki iyi niyetle ya da acıyarak onu farklı ortamlardan olabildiğince uzak tutması, var olan genetik yatkınlığın çevresel olarak daha da belirginleşmesine yol açabilir. Hem destekleyici hem de daha etkin olmaya teşvik edici davranışlar ise o çocuğun genetik mizacının olumlu özelliklerinin ortaya çıkmasına yardımcı olabilir. Ketlenmenin ne gibi bir olumlu özelliği olabilir, demeyin. Bu özelliğe sahip bir çocuk tehlikeleri daha iyi sezip risk almayarak kendini koruyabilir.

Öte yandan, sosyal kaygının gelişmesinde aile ortamından ziyade kişinin kendi geniş dünyasındaki deneyimlerin daha belirleyici olduğunu gösteren araştırmalar da var. Doğrudan sosyal fobi ile ilgili bir gen bugüne kadar tespit edilememiş olsa da, mevcut bilgilerimize bakarak sosyal kaygıyla ilgili eğilimlerin genetik bir zemini olduğundan bahsedebiliriz. Ancak bunun bir bozukluk hâline gelmesi, genetik olarak sahip olunan sosyal kaygıya bağlanamaz.

Bir bozukluğun genetik boyutunu değerlendirmede ikiz çalışmaları önemli bilgiler verir. İkizlerin aynı çevreyi paylaştıkları varsayıldığından, tek yumurta ikizleri ile çift yumurta ikizleri arasındaki fark, genetik boyutu daha net anlamamızı sağlar. Araştırma sonuçlarına göre, ikizlerden birinde sosyal kaygı bozukluğu varsa diğerinde de sosyal kaygı bozukluğu görülme olasılığı, genetik materyali %100 paylaşan tek yumurta ikizlerinde %24 oranla, genetik materyali %50 oranında paylaşan çift yumurta ikizlerinde görülen %15 oranına göre daha sıklıkla görülmüştür.

Genetik araştırmalar her bir rahatsızlığın ne ölçüde kalıtımla açıklanabileceğini ifade etmek için "kalıtılabilirlik" tanımını kullanır. Sosyal kaygı bozukluğu için kalıtılabilirlik oranının %20 ila %50 olduğu ileri sürülmüştür. Bu, örneğin %40 ila %80 kalıtılabilirlik oranındaki Tip II diyabete göre düşük bir orandır. Bu araştırmaların bize söylediği, kalıtımın etkilerinin kişiden kişiye değişebildiği ve gen-çevre etkileşiminin her durumda belirleyici olduğudur.

Nörobiyolojik Açıklamalar

Bu kısımda okuyacağınız birçok kelime size yabancı veya teknik gelebilir. Ama beyin araştırmaları ilginizi çekiyorsa bu kısım size genel bir çerçeve sunacaktır. Bilgilendirmeye geçmeden önce son bir not: Beyin görüntüleme çalışmalarında bulunan farklılıklar çoğu zaman o beyin bölgesinde kalıcı bir bozukluk olduğunu göstermez. Bu farklılıklar kişilerin yaşadığı durumların merkezi sinir sistemindeki karşılıklarıdır.

Sosyal kaygı bozukluğu için yapılan beyin görüntüleme çalışmaları amigdala ve prefrontal kortekse yoğunlaşmıştır. Bu bölgeler hem sosyal kaygı bozukluğuyla hem de erken çocukluk döneminde görülen ve sosyal fobi ile en çok ilişkilendirilen davranış ketlenmesiyle ilgili bulunmuştur. Araştırmalarda ön plana çıkan beyin bölgeleri, duyu organlarımızla algıladığımız uyaranların duygusal olarak işlendiği ve bu uyaranlara davranışsal olarak verdiğimiz tepkiyi düzenleyen bölgelerdir. Çalışmalarda, sosyal kaygı bozukluğu olan bireylerin ilgili beyin bölgelerinde sosyal bir tehdit durumuna karşı duygusal yanıtın ve dikkatin düzenlenmesinde problemler olduğu gösterilmiştir.

Sinir görüntüleme çalışmaları, sosyal fobisi olan yetişkinlerin, sosyal bağlamda duygu yaratan uyaranlara tepki olarak iki taraflı amigdala uyarılması yaşama eğiliminde olduklarını ortaya koymuştur. Bu bulgular bahsettiğimiz beyin alanlarının sosyal tehdidi işlemek üzere duygusal tepki verme ve dikkat düzenlemeyle ilişkili olduğu düşüncesiyle uyumludur. Yürütücü işlevler ve duygu düzenlemeyle ilgili alan olan prefrontal korteks üzerine yapılan çalışmalarsa farklı ve çelişkili sonuçlar vermiştir.

Çalışmalarda erişkinlere ve ergenlere tehdit edici yüz ifadeleri gösterildiğinde, hem yaygın kaygı bozukluğu hem de sosyal kaygı bozukluğu olan bireylerde, kaygı bozukluğu olmayan bireylere kıyasla her iki amigdalada, özellikle de sağ amigdalada etkinlik artışı görülmüştür. Yine de bu etkinin sosyal kaygıya özgü olduğu gösterilememiştir. Bu etki, kaygı düzeyinin fazla olmasıyla daha ilişkili gözükmektedir.

Psikanaliz Sosyal Fobiyi Nasıl Anlar?

Sosyal kaygı bozukluğu 1960'lı yılların ortasından itibaren müstakil bir kaygı bozukluğu olarak tanınmaya başlamış olsa da, DSM-III ile birlikte 1980 yılında resmi tanı kategorisine girmiştir. O yüzden psikanalizin sosyal kaygı bozukluğu tanısına özgü bir modeli bulunmaz ancak fobilerle ve kişinin utanma duygusunu yoğun yaşamasıyla ilgili bireysel bazda teoriler üretilebilir.

İnsan psikolojisi dendiğinde akla ilk gelen isim genellikle Sigmund Freud'dur. O yüzden hâlâ insanların önemli bir kısmı terapi dendiğinde divana uzanmış ve çocukluğunu anlatan bir danışanla yanında sandalyede oturan ve onu dinleyip notlar alan bir terapist hayal eder. Freud'un çalışmaları psikolojiye ve psikiyatriye çok ilham vermiş, bu alanları çokça hareketlendirmiş olsa da teorileri temel bilimsel ilkelere uymamakla eleştirilmiştir.

Freud birçok şeyin "bilinçdışı" dediği bir alanda bizim kontrolümüz dışında olup bittiğini düşünüyordu. Bilinçdışı sadece haz ilkesiyle çalışan ve kimseyi dinlemeyen bir id'e sahipti. Dış dünyanın kurallarının yüklenmiş olduğu üst-benlik yani süperego vardı. Bu ikisinin arasında ise sınırsız istekleri olan id'i ve bizi hizaya getirmeye çalışan süperegoyu dengelemeye çalışan ego bulunuyordu. (Tabii bu ego kendini beğenmişlik anlamında kullanılan ego değil.) İşte ego bu işi yapamadığında ya da yapmak için kullandığı yöntemlerde aşırıya kaçtığında işler sarpa sarıyor, kişi ruhsal problemler yaşıyordu.

Egonun nasıl çalıştığıyla ve işleri nasıl düzenlediğiyle ya da düzenleyemediğiyle ilgili düşünceler üreten akıma, psikoloji alanında ego psikolojisi deniyor. Ego psikolojisinin temel bakışı, fobik olarak korkulan nesnenin "yer değiştirme" denen savunma mekanizması aracılığıyla esas korkunun bir yansımasına dönüştüğü yönündedir.

Freud bu tezini, kendisine hakkında bilgi aktarılan ve at korkusu olan bir çocuk üzerinden açıklar. Çocuğun bu korkusu, bir atın gürültülü bir şekilde önünde düşüp öldüğünü gördükten sonra başlamıştır. Freud'un "Küçük Hans" olgusunda ifade ettiği şekliyle, çocuğun esas korktuğu nesne babası ve babası tarafından iğdiş edilmeyken, at, bilinçdışı o korkunun yansıtıldığı nesnedir. Böylelikle dışsallaştırılan korkuyla daha iyi mücadele edilmeye çalışıldığını ileri sürer. Baba tarafından iğdiş edilmek metaforik bir tanımlamadır. Yunan mitolojisindeki Kral Oidipus'un öyküsüne dayanan metafor, babanın onunla rekabet eden çocuğundan intikam almasını anlatır. Bu sanatsal ve mitolojik açıdan ilgi çekici ama bilimsel açıdan kanıtlanması mümkün olmayan bir durumdur.

Psikoseksüel gelişim basamakları üzerinden yapılan açıklamalarda sosyal kaygıda sıkça görülen sosyal ketlenme, başarısız edim korkusu ve utanç duygusunun yoğunluğu, ödipal dönemde bir takılma ve süperego-ego çatışması olarak ifade edilir. Psikanaliz tüm insanların büyürken belli aşamalardan geçtiğini ileri sürer. Bu aşamalardan biri de ödipal aşamadır. Adını Kral Oidipus'tan alan bu dönemde, tüm çocukların bilinçdışında karşı cinsten ebeveynin eşi olmayı istedikleri, sonra bu isteklerinden dolayı intikama maruz kalmaktan korktukları ve eğer her şey yolunda giderse bu durumla ilgili yine bilinçdışı bir uzlaşı yolu buldukları ileri sürülür.

Özgül fobiler için bu model bir yere kadar anlaşılabilir görünürken, sosyal kaygı bozukluğunda bilinçdışı korkunun doğrudan insan ilişkilerine yansıtıldığı varsayımı kabul görmez.

Psikodinamik kökenli tedavi protokollerine bakıldığında ise tanıya özgü geliştirilmiş ve bilimsel yöntemle sınanmış bir psikanalitik model olmadığı görülür. Daha güncel, kısa süreli yaklaşımlarda önem verilen kişilerle ilişkideki çatışmalar, kişinin yaşamındaki rol geçişleri ve duyguların tanınmasındaki ve ifadesindeki zorluklar üzerine çalışılmaktadır.

Bilişsel Davranışçı Terapi Sosyal Fobiyi Nasıl Anlar?

Bilişsel Davranışçı Terapi'nin kurucularından Aaron T. Beck'e göre her psikopatolojide o patolojiye özgü bir bilişsel yapı söz konusudur. Beck buna "bilişsel özgüllük varsayımı" adını vermiştir. Sosyal anksiyete bozukluğu için önerdiği özgün bilişsel yapıda "diğer insanlardan gelen sosyal kabul ve onayla ilgili tepkilere karşı aşırı duyarlılık", "başarısız performans/edim korkusu" ve "bu durumla ilişkili otonomik aşırı uyarılma hâli"nin bulunduğunu ileri sürer.

Yıllar içinde sosyal kaygı bozukluğunun Bilişsel Davranışçı modeli gitgide daha rafine hâle gelmiştir. Tanı ölçütlerinde de açıkça belirtildiği gibi, sosyal kaygı bozukluğu olan bireylerde olumsuz değerlendirilme korkusu ön plandadır ancak daha sonraki araştırmalarla oluşturulan modellerde farklı alanlarda da özellikler tespit edilmiştir.

Tüm modeller düşünüldüğünde olayın merkezinde, sosyal kaygı bozukluğu yaşayan kişinin algı ve düşüncelerine kalıplık eden, bireyin kendisi ve dış dünya ile ilgili inanışlarından oluşan şemalarının aktif hâle gelmesi söz konusudur. Bu şemalar aktive olduklarında bireyin algısına, düşüncelerine, duygularına ve fizyolojik belirtilerine yön verirler.

Sosyal kaygı bozukluğunda ortaya çıkan kaygı tepkisi üç temel alanda incelenebilir: Kaygının fizyolojik, bilişsel ve davranışsal boyutları.

ICD tanı ölçütlerinde de açıkça belirtildiği üzere otonomik yani sinir sistemimizin otomatik olarak ortaya çıkarttığı çarpıntı, terleme, kan basıncı değişiklikleri gibi fizyolojik tepkiler agorafobi ve panik bozukluğu ile birlikte sosyal kaygı bozukluğu için de ana belirti kümelerinden kabul edilir. Sıcak basması, kas gerginliği, hızlı nefes alıp verme gibi otonomik belirtilerin yanı sıra ses tellerinde daha kısık sesle konuşmaya neden olan bazı değişiklikler sosyal kaygı bozukluğunda sıklıkla görülen fiziksel belirtiler arasındadır.

Bilişsel boyutta, düşüncelerin ortaya çıkış durumları dikkate alınır. Olay anında veya bir ipucuyla tetiklenen düşüncelere "anlık düşünceler/otomatik düşünceler" denir. Herhangi bir olay ya da tetikleyici yokken de kişi tarafından doğru kabul edilen düşüncelere ise "inançlar" (şemalar) denir. İnançlar iki türe ayrılabilir: Kişinin kendisi ve dünya ile ilgili yaygın, genel, katı inanışları ve kabulleri "temel inanç" ya da "koşulsuz inanç" olarak adlandırılır. Örneğin, kişinin "Yetersiz biriyim", "İnsanlar acımasız", "Zayıf biriyim" gibi düşünceleri bu gruba girer. Kişinin değerlendirme, sayıltı veya kuralları şeklinde ifade edilebilecek daha özgül inanış ve kabullerine ise "ara inanç" ya da "koşullu inanç" adı verilir. Örneğin, kişinin "Kızarırsam insanlar fark eder", "Kaygımı belli etmemeliyim", "Bir ortamda ben konuşurken insanların sıkılması felakettir", "İnsanları sıkmamalıyım", "Kendimi açmazsam özelliksiz biri olduğum belli olmaz" gibi düşünceleri bu türdendir. Hem anlık düşünceler hem de şemalar (inançlar) sosyal kaygının bilişsel modelinde önemli yer tutar.

Zihnin düşünce üretmek için "otomatik düşünce sistemi" ve "analitik düşünce sistemi" olmak üzere iki düzeyde çalıştığı söylenebilir. Otomatik düşünce sistemi, daha önceden öğrenilmiş, az sayıda veri kaynağına ihtiyaç duyan, hızlı düşünme sistemidir. Analitik düşünce sistemi ise daha çok veri kaynağına ihtiyaç duyan, daha yavaş ve daha rafine bilgi üreten sistemdir. Şemaların etkinleşmesiyle hem otomatik hem de analitik düşünce sistemi işlemeye başlar. Ne var ki bu işleyiş, aktive olan inanç sistemlerinin etkisindedir. Psikoterapi müdahalelerinin amacı analitik süreci güçlendirmek ve uzun vadede otomatik sürecin daha gerçekçi, daha uygun ve daha işlevsel değerlendirme yapar hâle gelmesini sağlamaktır.

"Benim yetersiz biri olduğumu düşünüyorlar", "Diğerleri kadar ilginç değilim", "Saçmaladım", "Bu mekâna layık biri değilim", "Tam bir aptal gibi davrandım" şeklindeki düşünceler, olay anında ortaya çıkan anlık düşüncelere örnek olarak verilebilir. Bunların yanı sıra fizyolojik belirtilerin dışarıdan ne kadar görünür olduğuyla ve nasıl değerlendirileceğiyle ilgili yanlı ve felaketleştirici düşünceler de sıkça ortaya çıkar. "Kıpkırmızı oldum", "Herkes terlediğimi gördü", "Titrediğim için benim yetersiz biri olduğumu düşünüyorlar" gibi düşünceler bunlara örnek olarak verilebilir.

Düşünceler sadece kişi sosyal bir durumla karşılaştığında ortaya çıkmaz. Karşılaşma anındaki düşünceler dışında, karşılaşma öncesindeki ve sonrasındaki düşünceler de bozukluğun sürmesinde önemlidir. Olay öncesinde ortaya çıkan düşünceler çoğunlukla öngörü veya tahmin şeklindedir. Bu öngörüler insanların beklentilerine ilişkin olabilir: "Hiç kaygı belirtisi göstermemem gerekir", "Konuşurken hiç teklememeliyim", "Sunumum çok akıcı olmalı" gibi. Ya da belli durumların gerçekleşmesi hâlinde bunların ne anlama geleceğiyle ilgili sayıltılar şeklinde de ortaya çıkabilir: "Eğer biriyle aynı fikirde olmazsam beni alaşağı eder", "Konuşurken titrersem zavallı olduğumu düşünürler", "Kendimden bahsedersem insanları sıkarım" gibi.

Olay sonrasındaki düşüncelerde ise kişi olayın tüm boyutlarını ele almaktan ziyade dikkatinin yoğunlaştığı verilerin etkisiyle olumsuz çıkarsamalar yapma eğilimi gösterir. Ya da olumlu durumlar kişinin aldığı tedbirlere ve tahmin ettiği olumsuzlukları önlemeye yönelik davranışlara atfedilir. Bu düşünceler geçmiş zaman kipindedir. Örneğin: "Çok saçma espriler yaptım, insanlar sıkıldı", "Sunumdan kimse bir şey anlamadı", "İyi geçti ama tüm sunumu ezberlediğim için", "Yeni tanıştığım kişi benimle iyi vakit geçirmiş gibi görünüyor, herhalde sürekli gülümsediğim ve onu rahat ettirdiğim için."

Hem olay öncesinde hem olay sırasında hem de olay sonrasında ortaya çıkan bu düşünceler kişi tarafından duruma uygun gerçekler olarak kabul edilir. Kişinin dikkati, analitik düşünce sürecinin gereksindiği verileri alamayacak şekilde içsel ve dışsal olumsuz ipuçlarına yönelir. Böylece bilişsel süreç, kaygının uzamasına ve daha yoğun yaşanmasına neden olur.

Kaygının davranışsal boyutu ele alındığında ise sosyal kaygı bozukluğunda iki tür davranış ortaya çıkar. Daha önce de bahsettiğimiz bu davranışları burada tekrar hatırlayalım: Birinci grubu, doğrudan kaçma ya da kaçınma davranışları oluşturur. Bu davranış türünde kişi sosyal kaygı yaratan ortamdan fiziksel olarak uzak kalır. İkinci gruptaki davranışlar ise daha gizli kaçınmalar şeklinde de ifade edilebilecek olan güvenlik arama davranışlarıdır.

Birçok fobi türünde kişiler korktukları durumla yüzleştiklerinde ve bu yüzleşme tekrar tekrar gerçekleştiğinde fobinin giderek azalması ve ortadan kalkması beklenir. Ancak sosyal kaygı bozukluğu olan bireylerin kaygı yaşadıkları ortamlara defalarca girmelerine rağmen bu fobilerinin azalmaması dikkat çekicidir. Güvenlik arama davranışları, diğer fobilerden farklı olarak, sosyal kaygının sürmesinde önemli rol oynar. Güvenlik arama davranışları, kişinin kaygı yaratan sosyal durumda kalmayı kolaylaştırmak ya da öngördüğü sosyal tehditten korunmak amacıyla yaptığı davranışlardır. Diyaloğu kısa kesmek, sürekli gülümseyen bir yüz ifadesi takınmak, daha çok soru sormak, gözlerini kaçırmak gibi davranışlar tipik güvenlik arama davranışlarıdır.

Güvenlik arama davranışlarının sosyal kaygının sürmesine neden olan kritik etkileri vardır. İlk olarak, gözlerini kaçırma gibi bazı güvenlik arama davranışları sosyal iletişimi olumsuz yönde etkiler. İkinci olarak, güvenlik sağlayıcı davranışlar kişinin dikkatinin daha çok iç dünyasına yönelmesine ve dışarıdan olumlu verileri alamamasına neden olur. Üçüncü olaraksa, güvenlik sağlayıcı davranışlar kişinin olumsuz öngörülerini test etmesini imkânsız kılar.

Şekil 1: Sosyal Kaygı Bozukluğunun ABC'si

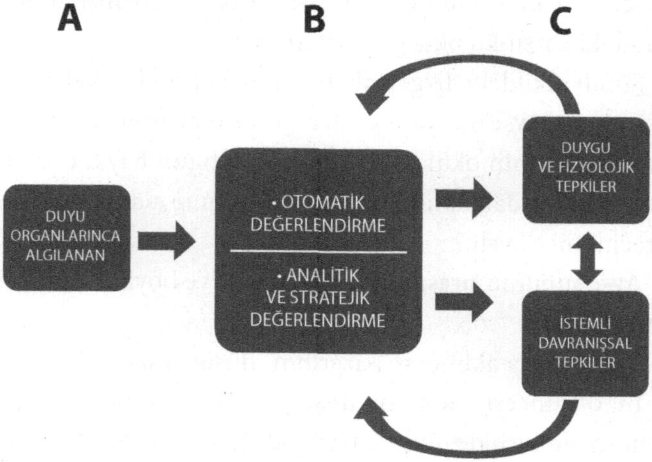

Grafikte A'nın altındaki kısım sosyal ortamın, o ortamdaki bir durumun veya ipuçlarının algılanışını gösterir. Algılamadan sonra değerlendirme aşaması yani bilişsel kısım başlar. B'nin altında gösterilen bu süreç iki düzeyde ve birçok alanda işler: Otomatik düşünceler ve imgeler hızlı bir şekilde kendiliğinden ortaya çıkar. Analitik süreç ise bireyin kontrolünde, daha çok veriyi kullanmaya gereksinim duyan bir sistemdir. Otomatik süreç daha ziyade duygular ve fizyolojik tepkilerle ilişkilidir. Duygular ve fizyolojik tepkiler yukarıdaki geri dönen okla gösterildiği gibi yeniden değerlendirilir ve bu, sistemi devam ettiren bir kısır döngü hâline gelebilir. Analitik değerlendirme süreci ise daha çok istemli davranışsal tepkilerle ilişkilidir. (Otomatik süreçle üretilen bir düşünce gerçek olarak kabul edilirse, o da davranışı doğrudan etkileyebilir.) Ortaya çıkan davranış tekrar değerlendirilerek o davranışın sonuçları yorumlanır. Davranışın (C'nin alt kısmı) kaçınma veya güvenlik sağlama davranışı olması durumunda, bilişsel kısımda (B) bireyin öngörü, sayıltı ve tahminleri sınanmamış olur. Bu durumda yapılan tahmin ya da sahip olunan öngörü değişmeden kalacaktır. (C'nin alt kısmında geriye doğru okla gösterilmiştir.)

Bunun yanı sıra duygusal ve fizyolojik tepkilerden oluşan istemsiz tepkiler ile istemli davranışlar da birbiriyle ilişkilidir. (C'nin altındaki karşılıklı okla gösterilmiştir.)

Şimdi şekildeki dizgeyi ilk bölümdeki örnek vakalardan hatırlayacağınız Ayşe'nin yaşayabileceği bir olay üzerinden somutlaştıralım. Ayşe'nin okulda bir sunum yaptığını hayal edelim ve bu sunumun bir dakikalık kısmını ağır çekime alarak onun zihinsel sürecini inceleyelim:

Ayşe sunumu sırasında yanaklarında ve boynunda bir sıcaklık algıladı. *(A)*

Tam o anda aklından "kızardım" düşüncesi geçti. *(B)*

Bu düşüncesi, otomatik düşünce sürecinin bir ürünüydü. Bu düşünceyle birlikte Ayşe kaygılandı *(B-C arasındaki yukarıdaki ok)* ve çarpıntısı oldu. *(C sütunundaki üstteki kutucuk.)*

Kaygı ve çarpıntısını fark etmesiyle birlikte "Kıpkırmızı oldum", "Bu hâlim fark edildi" ve "Aptal gibi görünüyorum" düşünceleri zihnine peş peşe üşüştü. *(C'den B'ye geri dönen üstteki ok.)*

Bir taraftan da zihninde analitik düşünce süreci başladı. *(B'nin alt tarafı.)*

Ayşe'nin dikkati yaşadığı fiziksel belirtilerde ve kendi sesinde toplandığı için olup biteni yani insanların anlattığı konuya ilgisini göremedi. "Eğer yüzümü seyircilerden çevirirsem kızardığım fark edilmeyecektir" diye düşündü *(B-C arasındaki alttaki ok)* ve yüzünü sunumun yansıtıldığı perdeye doğru dönüp söyleyeceklerini oradan okumaya başladı. *(C sütunundaki alttaki kutucuk.)*

Sunumuna devam edebildi ancak bilişsel sistemin iki düzeyindeki düşüncelerinin doğru olup olmadıklarını sınayamadığı için *(C'den B'ye geri dönen alttaki ok)* "kızardığı", "bunun fark edildiği", "olumsuz değerlendirildiği" ve "eğer yüzünü çevirmeseydi bu durumu kontrol edemeyeceği" yönündeki düşüncelerine inanmaya devam etti.

Sosyal Kaygıda İzlenme

Başkaları tarafından izlenme durumunun algılanması veya böyle bir durumun her an olabilme ihtimali sosyal kaygıda merkezi öneme sahiptir. Burada "izleyici" olarak akla bir etkinliği izlemek için orada bulunan bir kişi ya da kitle gelmemeli yalnızca. İkili bir konuşma ya da görüşmede karşıdaki kişi "izleyici"dir. Ya da hiçbir iletişimin olmadığı bir ortamda bireyi fark edebilecek kişi veya kişiler de "izleyici" tanımının içine girer. Örneğin, bir kafede yan masada oturan biri gibi. Ya da bir parkta karşımızdaki banklarda oturan ve yüzü bize dönük kişiler gibi.

Bireyin sosyal kaygıyla ilgili şemalarının aktif hâle gelmesi için ortada izleyicinin bulunması da şart değildir. Gelecekte karşılaşılacak bir izlenme ihtimalini akıllarına getirdiklerinde kişiler genellikle geçmişte yaşadıkları kaygı durumlarını hatırlarlar (bellek yanlılığı) ve izlendikleri takdirde dışarıdan nasıl algılanacakları ve kendilerinin nasıl tepki verecekleriyle ilgili ayrıntılı olarak düşünmeye girişebilirler (endişe). Sosyal fobisi olan birçok birey, karşılaşma durumunda ne konuşacağı ve yapacağıyla ilgili zihinsel bir hazırlık içine girer.

Sosyal Kaygının Oluşumunda ve Sürmesinde Etkili Olan Unsurlar

İzleyici tarafından nasıl görüldüğüne dair zihinsel temsil, sosyal kaygıyla ilgili önemli bir bilişsel unsurdur. Yani kişinin zihninde diğer insanların gözünde nasıl göründüğüyle ilgili imajlar vardır. Bu imgeler, izleyen kişilerin onu nasıl gördüğüne dair bir karikatürdür ve bu karikatür çoğunlukla olumlu niteliklere sahip değildir. Bu zihinsel görüntü ya da temsil, temel olarak kişinin kendiyle ilgili genel inanışlarının yanı sıra, sosyal kaygı yaratan olay ânındaki fizyolojik tepkileri, duyguları ve düşünceleri tarafından oluşturulur. Kişinin performansıyla ya da jest ve mimiklerinin nasıl göründüğüyle ilgili tahminler de bu resmin oluşumuna katkıda bulunur.

Konuşurken yüzünde sıcaklık hisseden, kaygı duyan ve sesinin titrediğini düşünen bir bireyin zihninde, "başkaları tarafından oldukça yetersiz görünen, kıpkırmızı kesilmiş, kekelediği için ne dediği tam anlaşılmayan biri"ni temsil eden bir imge oluşabilir. "Gruptan dışlanmış biri", "ciddiye alınmayan biri", "terden sırılsıklam olmuş ve kaygılı olduğu her hâlinden anlaşılan biri", "tuhaf görünen biri" şeklinde tanımlanabilecek imgeler söz konusu olabilir.

İmgeleme çalışmaları şunu göstermiştir: Bir durumun imgelenmesi, o durumla gerçekten karşılaşıldığında ortaya çıkacak fizyolojik, davranışsal ve bilişsel sonuçların belirmesine neden olur. Fobiler için bu durumu örneklersek: Köpek fobisi olan biri köpeği zihninde canlandırdığında da onunla karşılaştığındakine benzer tepkiler verir. Ya da sosyal kaygısı olmayan biri zihninde bir grup insan tarafından tuhaf, itici veya aşağılık olarak göründüğüne dair canlı bir imge oluşturursa rahatsız edici duygu ve fizyolojik belirtiler yaşar.

Dikkatin yönü, sosyal kaygı bozukluğunun iyi çalışılmış bilişsel alanlarından biridir. Dikkatin, korkunun kaynağı olarak algılanan uyaranlara dönmesi, bilinen bir fenomendir. Böceklerden korkan birinin dikkati böceğe benzeyen nesnelere kolayca kayar; köpeklerden korkan birinin kulakları ve gözleri köpekle ilgili şeylere karşı oldukça duyarlıdır.

Sosyal kaygı bozukluğunda dikkat kaynakları büyük oranda çevredeki sosyal tehdidi algılamaya ayrılır. Bunun yanında, sosyal kaygı bozukluğu olan bireylerin, dikkatlerini daha gerçekçi bilgiler verebilecek olumlu sosyal uyaranlardan uzaklaştırdıkları da bildirilmiştir. Bu durumun sosyal kaygı bozukluğunun sürmesinde önemli bir etken olduğu anlaşılmış, dikkatin çevresel tehditten geri çekilmesini öğreten yöntemlerin sosyal kaygı belirtilerinde iyileşme sağladığı gösterilmiştir.

İzleyicilerin kişiden beklediği düşünülen standartla ilgili inançlar, sosyal kaygı bozukluğunun bilişsel modelinde önemli bir yer tutar. Sosyal fobisi olan bireylerde izleyicilerin konuşma (konuşmanın içeriği, ses tonu, vb.), duruş, davranış ve görünüm ile ilgili yüksek standartları ve dolayısıyla beklentileri olduğu inancı vardır. Kişinin dışarıdan nasıl göründüğüyle ilgili kendine dair imgesi ile bu standart arasındaki fark ne kadar fazlaysa, kaygısı da o denli fazla olma eğilimindedir.

Araştırmalarda yalnızca olumsuz değerlendirilmenin değil, olumlu değerlendirilmenin de kaygı yarattığı gösterilmiştir. Değerlendirilmek kişi için çok önemli hâle geldiğinde, pozitif değerlendirme dahi kişinin kaygı yaşamasına neden olabilmektedir. Böyle durumlarda kişi bu olumlu değerlendirmeyi, mesela bir iltifatı hak etmediğini düşünebilir veya bunun sürdürülemez bir istisna olduğuna inanabilir.

Sosyal kaygı bozukluğunda, sosyal tehdidin gerçekleşmesiyle yani performans, davranış ya da görünümdeki farklılığın/eksikliğin ayırt edilmesi ve olumsuz değerlendirilmesi ile ilgili olasılık yüksek görülür. Ayrıca bu durumun sonuçları da bir felaket olarak görülür. Olumsuz değerlendirmenin katlanılamaz ve kalıcı olduğu düşünülür. Yani birinci düzeyde, kişi sesinin titrediğine, konuşmasının anlaşılmadığına, farklı göründüğüne ve bunların olumsuz değerlendirileceğine fazlasıyla inanır. İkinci düzeyde ise, başkaları tarafından olumsuz değerlendirilmiş olmanın sonuçlarını bir felaket olarak görür, bunu dayanılmaz ve kalıcı olarak niteler.

Bahsedilen bütün bu unsurlar bir araya getirildiğinde birbirlerinden bazı küçük farklılıklar gösterseler de Bilişsel Davranışçı modellerin hepsinde düşünce, duygu, fizyolojik tepki ve davranışlarla ilgili müdahaleler uygulandığını söyleyebiliriz.

ÜÇÜNCÜ BÖLÜM

SOSYAL KAYGI BOZUKLUĞU NASIL TEDAVİ EDİLİR?

Bu Bölümü Okurken

Bu bölüme başlarken bazı okuma önerilerinde bulunmak istiyorum. Öncelikle bu bölümde sosyal kaygı bozukluğu tedavisinde kullanılan ilaç isimlerini verme amacım kesinlikle bir tedavi önerisinde bulunmak değil. Burada anılan tüm tedaviler uzmanlarca uygulanması gereken tedavilerdir. Adı geçecek ilaçların uzman yönlendirmesi olmaksızın kullanılması veya mevcut tedavilerin ilaç ve doz bakımından değiştirilmesi önerilmez.

O hâlde birçok ilaç ve tedavi burada niye ayrıntılarıyla aktarılıyor, diye sorabilirsiniz.

Bunun temelde iki nedeni var. Birincisi, bilgiye ulaşmanın çok kolaylaştığı bir çağda yaşamamıza rağmen edindiğimiz bilgileri yararımıza olacak şekilde organize etmemiz gitgide zorlaşıyor. Türkiye'deki ve dünyadaki sağlık otoritelerinin sosyal kaygı bozukluğunu tedavi etmek için önerdiği uygulamaları özetlemekteki amacım bu zorluğu bir nebze olsun hafifletebilmek. İkincisi, okuru ruhsal sorunlara yönelik ilaç dışı müdahalelerle ilgili bilgi kirliliğinden korumak.

İster bedensel ister duygusal bir sorunları olsun, kişiler en doğal, en ulaşılabilir, en etkili, en kalıcı ve mümkünse bedeli en az olan tedavilere ulaşmak isterler. Bu haklı istek, bilerek veya bilmeyerek, istismar edilmelerine yol açabilir. Birileri bir bitkisel ürünü, bir ilacı veya bir terapi yöntemini iyi niyetle veya menfaat temin etmek için sosyal kaygı yaşayan kişilere önerebilir. Bunları önerenlerin olumlu tecrübeleri de olabilir. Ancak sağlık otoriteleri tarafından önerilen uygulamalar bu şekilde seçilmez. Öncelikle uygulamaların etkililiği ve güvenilirliği için kişisel bazda değil, grup bazında araştırmalar yapılır. Araştırmalarda uygulanan yöntemin sorunla ilgili "hiçbir şey yapmama"ya kıyasla etkili olması gerekir. Ortaya çıkabilecek riskler öngörülebilir ve düşük olmalıdır. En önemlisi de etkili olduğu tekrar tekrar gösterilmelidir.

O yüzden buradaki bilgiler size önerilen yöntemlerin sağlamasını yapmakta işinize yarayabilir. Veya daha ileri bir araştırma yapacaksanız size bir çıkış noktası sağlayabilir.

Şimdi gelelim sosyal fobinin tedavisine. Öncelikle şunu söylemek gerekir ki sosyal kaygı bozukluğunun başarılı bir şekilde tedavisi mümkündür. Bu durumun tedavisi kanıta dayalı hazırlanan ulusal ve uluslararası kılavuzlarca iki başlık altında incelenir: İlaç tedavileri ve psikolojik tedaviler.

İlaç Tedavileri

Ülkemizde piyasada bulunan ve sosyal kaygı bozukluğu için kullanılan ilaçların çoğu Sağlık Bakanlığı'nca onaylanmıştır. Tedavide ilk sırada ve ikinci sırada kullanılan ilaçları üç grupta toplayabiliriz:

1) Antidepresanlar: Seçici Serotonin Geri Alım İnhibitörleri (SSGİ), Serotonin Noradrenalin Geri Alım İnhibitörleri (SNGİ) ve Monoamin Oksidaz İnhibitörleri (MAOİ).

2) Benzodiyazepinler.

3) Beta Blokör ilaçlar.

Bu ilaçlar dışında antipsikotik ve antikonvülzan ilaçların da sosyal kaygı bozukluğunda kullanıldığı olur. Ancak bunlar esas alanları dışındaki kullanımlardır.

Sosyal kaygı bozukluğunun ilaç tedavisinde beyinde sinir hücreleri arasındaki iletişimi sağlayan bazı maddelerin miktarını artıran ilaçlar kullanılır. Bu ilaçlar sadece o maddelerin miktarını artırmakla kalmaz, sinir hücreleri arasındaki iletişimi de düzenler. Bazı ilaçların sosyal kaygıyı azaltması, o ilaçların etkilediği maddelerin (nörotransmitter) sosyal fobinin ortaya çıkmasında etkili olabileceğini akla getirmiştir. Özellikle Seçici Serotonin Geri Alım İnhibitörleri, Serotonin-Noradrenalin Geri Alım İnhibitörleri ve Monoamin Oksidaz Enzim İnhibitörleri grubundan olan ilaçların başarılı sonuçlar vermesi, serotonin ve dopamin nörotransmitter sisteminde bazı düzenleme bozukluklarının soysal kaygı etiyolojisinde önemli olduğunu düşündürmüştür. Ancak çalışmalar nörotransmitter sistemlerindeki bu düzenleme bozukluğunun sosyal kaygının nedeni mi, yoksa sonucu mu olduğunu söyleyememektedir. Yani şu anki bilgimizle bu nörotransmitter bozuklukları sosyal kaygıya neden oluyor diyemiyoruz. Ama onların düzenindeki bozulma ilaçlarla giderildiğinde sosyal kaygı belirtilerinde iyileşme görülüyor. Öte yandan psikoterapiyle tedavi edilen kişilerde de nörotransmitter dengesizlikleri düzelebiliyor.

SSGİ'ler serotoninin, SNGİ'ler ise serotonin ve noradrenalinin beyindeki miktarını artırırlar. Bu iki ilaç grubu hem depresyonun hem de tüm anksiyete bozukluklarının tedavisinde yaygın olarak kullanılmaktadır. Etki ve güvenlik dengesine bakıldığında hem sosyal kaygı bozukluğu hem de diğer birçok kaygı bozukluğunda tedavide ilk sırada tercih edilen ilaç gruplarıdır.

Monoamin Oksidaz (MAO) enzimi noradrenalin, dopamin, serotonin, melatonin, tiramin ve feniletilamin maddelerinin salgılandıktan bir süre sonra kimyasal olarak yıkılmasını sağlar. MAO enzimini engelleyici ilaçlar hem beyinde hem de beyin dışı birçok dokuda bu maddelerin artmasına neden olur. Bunun olumlu tarafı serotonin, noradrenalin ve dopaminin sinir hücreleri arasındaki yoğunluğunun artmasının kaygı ve depresyonu tedavi edici etkileri olmasıdır. Öte yandan MAO enzimi engellendiğinde özellikle tiramin içeren gıdaların tüketilmesi durumunda ciddi yan etkiler ortaya çıkar. Seçici ve geri dönüşlü bir MAO-A inhibitörü olan moklobemid hem araştırmalarda etkinliği tutarlı bir şekilde gösterilmediğinden hem de etkisi düşük olduğundan birinci sıra tedavi olarak önerilmez.

Şunu da söylemekte fayda var: Bu ilaçların etkisi basitçe ilgili maddelerin beyinde artmasıyla ilişkili değildir. Örneğin gıdalarla serotonin artışının sağlanması depresyon ve sosyal kaygının tedavisinde pek etkili olmamıştır.

İkinci grupta yer alan benzodiyazepinler ise beyindeki ana engelleyici/baskılayıcı transmitter maddelerden olan GABA'nın (gama aminobütirik asit) etkisini artırır. Klonazepam gibi bazı benzodiyazepinlerin etkinliği SSGİ'lere yakın bulunmuştur. Benzodiyazepinlerin yaygın etkisi merkezi sinir sistemini baskılamaktır. Hem bu özelliğinden hem de bağımlılık potansiyelinden ötürü seçili vakalar veya durumlar dışında tedavide tercih edilmez. Çoğu insan kaygılarından kurtulurken uyuşmak istemez. Psikiyatriye başvuran birçok kişi bu gruptaki ilaçların ciddi uyuşukluk yapacağından, ciddi yan etkilerinin olacağından ya da bağımlılık yaratacağından bu yüzden korkar. Hatta benzodiyazepinler tüm ilaçların bu tür yan etkilerinin bulunduğu şeklinde bir önyargı oluşmasının da nedenidir bazen.

Beta Blokör ilaçlar ise temelde kan basıncı yüksekliğinin tedavisinde (hipertansiyon) kullanılır. Bu ilaçlar kan basıncını düşürüp kalp atım sayısını azaltırken titreme ve terleme gibi belirtileri de azaltabilir. Sosyal fobisi olan kişide bu belirtiler ön plandaysa ve sınırlı ortamlarda ortaya çıkma eğilimindeyse, kaygının yaşanacağı durumların öncesinde bu ilaçların önerildiği olur.

Tablo 5: **Sosyal Fobi Tedavisinde Öne Çıkan İlaçlar**

İlaç	Kullanım Şekli ve Doz Aralığı
Seçici Serotonin Geri Alım İnhibitörleri	
Essitalopram	10-20 mg/gün, genelde sabahları tek doz
Paroksetin	20-60 mg/gün, genelde sabahları tek doz
Sertralin	50-150 mg/gün, sabahları tek doz
Fluoksetin	20-60 mg/gün, sabahları tek doz
Fluvoksamin	100-300 mg/gün, gün içinde ikiye bölünmüş olarak
Sitalopram	20-40 mg/gün, genelde sabahları tek doz
Serotonin ve Noradrenalin Geri Alım İnhibitörleri	
Venlafaksin	75-225 mg/gün, genelde sabahları tek doz. Tolere edilemediğinde günde iki doz şeklinde verilebilir. Dozu 375 mg/güne kadar çıkarılabilir.
Benzodiyazepinler[1]	
Klonazepam	0,5-2 mg/gün, genelde gün içinde bölünmüş dozlarda
Monoamin Oksidaz İnhibitörleri	
Fenelzin[2]	45-90 mg/gün
Moklobemid[3]	300-600 mg/gün, günde iki doz hâlinde
Beta Blokör İlaçlar	
Propranolol	20-40 mg/gün, performanstan yaklaşık yarım saat önce tok karnına

1 Bağımlılık potansiyelleri nedeniyle uzun süreli tedavi için uygun değildirler.
2 Türkiye'de kullanılma ruhsatı bulunmamaktadır.
3 Tedavi etkinliğine dair kanıtlar çelişkili olduğundan ilk sıra tedavide tercih edilmez.

Psikolojik Tedaviler

Sosyal kaygı bozukluğu için geliştirilen psikolojik müdahalelerin etkinliği randomize kontrollü çalışmalarla sınanır. Randomize kontrollü çalışmalar tedavilerin etkinlik ve güvenilirliklerinin belirlenmesinde kullanılan en temel bilimsel yöntemdir. Bu yöntemde belli bir rahatsızlığı olan kişiler rasgele yani randomize bir şekilde en az iki gruba ayrılır. Bu gruplardan birine etkili olduğu ileri sürülen yeni ilaç verilir ya da yeni bir psikolojik tedavi uygulanır. Diğer gruba ise ya hiç tedavi uygulanmaz ya içinde aktif ilacın olmadığı plasebo tabletleri verilir ya da etkinliği zaten bilinen bir tedavi verilir. Bu iki grup belli bir süre sonra karşılaştırılır. Eğer ikinci grup tedavi uygulanmaksızın beklediyse ya da gruba plasebo verildiyse, ilk gruba uygulanmış olan aktif tedavinin karşılaştırmanın sonucunda anlamlı bir şekilde daha yararlı bulunması gerekir. İkinci gruba etkisi net olarak bilinen bir tedavi uygulandıysa, bu durumda da yeni tedavinin en az onun kadar etkili ve güvenli olduğunun gösterilmesi gerekir.

Psikolojik müdahaleler temelde üç başlık altında incelenebilir: Bilişsel Davranışçı Terapiler (bilişsel ve davranışsal tedavilerin ayrı ayrı ve birlikte uygulandığı farklı protokoller şeklinde), Psikodinamik Psikoterapiler ve Kendine Yardım Uygulamaları.

Bilişsel Davranışçı Terapi ifadesi esasen bir çatı tanımlamadır. Birçok farklı tedavi uygulamasını içerse de temel olarak öğrenme kuramlarına ve bilişsel psikoloji ilkelerine dayanır. Yani koşullanmalar ve davranışın şekillenmesiyle ilgili ilkeler davranışçı müdahalelerin esasını; algı, düşünce, dikkat ve bellek gibi zihinsel fenomenlerin işleyişiyle ilgili ilkelerse bilişsel müdahalelerin esasını oluşturur. Paylaşacağımız uygulamalar alanda en çok kullanılanlardır. Tek başına uygulanabilecekleri gibi birlikte de uygulanabilirler.

Davranışçı Tedaviler

a) Maruz Kalma Tedavisi: Davranış tedavilerinden olan maruz kalma tedavisinde kişiler korktukları durumlara tekrar tekrar maruz kalmaya teşvik edilirler. Bildiğiniz, korkularla yüzleşme meselesi.

Bu yöntemde durumlar ve uyaranlar, oluşturdukları kaygı düzeyine göre bir hiyerarşiye tabi tutulur. Sonrasında seanslar boyunca adım adım bu hiyerarşide ilerlenir. Temel prensip korku/kaygı oluşturan durumda yeteri kadar kalmaktır. Maruz kalma tedavisinin tekrarlayıcı bir şekilde uygulanması öğrenmenin tamamlanması açısından son derece önemlidir. Seanslarda maruz kalma uygulamaları planlanırken çoğu zaman danışan ve terapist rol oynama yoluyla önce uygulamanın bir simülasyonunu yapar.

Maruz kalma tedavisi kanıt değeri bakımından en güçlü uygulamalardandır. Araştırmalarda bireylerin maruz kalma aşamalarına devam etmeleri durumunda %50 ila %80 oranında başarı kaydedildiği gösterilmiştir. Bu tedavinin güçlü yanı etkileridir. Bunu kilo vermenin en etkili yolunun diyet olmasına benzetebiliriz.

Ancak maruz kalma tedavisiyle ilgili bazı zorluklar da var. Örneğin kişi belli bir durumla ilgili çok yoğun bir korku yaşıyor ve risk almak istemiyorsa ya da bu uygulamanın işe yaramayacağına inanıyorsa tedaviye başlamayabilir, başladıysa devam etmeyebilir.

b) Gevşeme Uygulamaları: Gevşeme uygulamaları, eskiden maruz kalma tedavisinin bir parçası olarak rutin bir şekilde uygulanırdı. Her ne kadar günümüzde bu uygulama azalmış olsa da gerekli durumlarda halen kullanılmaktadır. Öncelikle kişiye sakin olabildiği nötr durumlarda tüm kaslarını gevşetmesi öğretilir. Bunun için vücuttaki önemli kas grupları sırasıyla önce birkaç saniye kasılıp sonra da gevşetilir. Gevşeme uygulamasını iyice öğrenen kişinin, korku duyduğu sosyal ortamlarda bu beceriyi kullanması hedeflenir.

Gevşeme uygulamalarının tedavi ediciliğiyle ilgili kanıt düzeyi düşüktür. Ancak kişilerin kaygıyla birlikte yaşadıkları bedensel belirtilerin azaltılmasında ve uyku sorunlarının çözümünde başarıyla uygulanmaktadır.

c) Sosyal Beceri Eğitimi: Araştırmalar sosyal kaygı bozukluğu olan bireylerin -çekingen kişilik bozukluğu tanısı alanlar dışında- çoğunluğunun sosyal becerilerle ilgili bir eksikliğinin olmadığını göstermiştir. Ancak kaygı yaşanan durumlarda bireyler bu becerileri kullanamayabilir. İster bir beceri eksikliği söz konusu olsun isterse kişi var olan becerisini kullanamıyor olsun, sosyal beceri eğitiminden yarar sağlandığını gösteren çalışmalar var. Bu yöntem sistematik biçimde hem konuşmaya dair hem de konuşma dışındaki sosyal becerileri geliştirmeyi hedefler. Bir diyaloğun nasıl başlatılacağına, karşımızdakine nasıl olumlu geri bildirimde bulunabileceğimize, bir konuşmayı uzatmak veya derinleştirmek için nasıl sorular sorabileceğimize ilişkin eğitimler konuşma becerilerine ilişkindir. Göz teması kurmak, daha girişken bir duruş takınmak, arkadaşça gülümsemek, jest ve mimik kullanımı gibi alanlardaki eğitimlerse konuşma dışındaki sosyal becerileri kapsar. Bu tedavi yönteminin temelinde, seans içinde bir tür prova niteliğindeki rol oynamalar sayesinde güvenli ortamda yapılan davranışların yaşantılara/deneyimlere dönüştürülmesi ve daha sonra bu becerilerin dış dünyaya aktarılması yer alır.

ç) Farkındalık/Dikkat Eğitimleri: Farkındalık (mindfulness) eğitimi bir davranış tekniği olarak son dönemde yaygınlaştı. Farkındalık uygulamalarında amaç bireyin duygusal, bilişsel, fizyolojik tepkilerinden ayrışabilmesidir. Bu da kişinin duygu, düşünce ve fizyolojik tepkileriyle ilgili algılarını uzaktan gözleyebildiği bir ruhsal durumda olabilmesiyle mümkündür.

Bu tür uygulamaların etkinliğiyle ilgili bilgiler çelişkilidir. Bazı kişilerde olumlu etkiler elde edilirken bazı kişilerin de bu uygulamadan yarar görmedikleri gözlenmiştir. O nedenle farkındalık temelli uygulamalar sosyal kaygının azaltılması için ilk sırada önerilen uygulamalar arasında yer almaz. Ancak meditasyonu da içine alan bu uygulamalardan yararlanıyorsanız bunları kullanmaya devam edebilirsiniz.

Dikkat eğitimi, modellerin çoğunda yer alır. Kaygı ortaya çıktığı anda bireyin dikkati tehdide doğru yönelir. Sosyal kaygıda dikkat, kişinin yaşadığı fiziksel belirtilere ve düşüncelere yani kendine dönebileceği gibi, sosyal ortamdaki bazı olumsuz alanlara yani dışarıda olan ve sosyal tehditle ilgili uyaranlara da yönelebilir. Örneğin bakışlara, ifadelere, vb.

Dikkatin yönünü belirlemede istemli ve istemsiz iki tür mekanizmanın aktif olduğunu bilmekte yarar var. Birey genel olarak istemli dikkati kontrol edip yönlendirebilir. Bu geliştirilebilen bir beceridir. Öncelikle kaygının olmadığı ortamlarda dikkat yönetimi egzersizleri yapılması istenir. Bunun için farkındalık uygulamalarından da yararlanılabilir. Genel prensip hem duygularımız, düşüncelerimiz, bedensel duyumlarımız gibi içsel uyaranların hem de gördüklerimiz, duyduklarımız, kokladıklarımız, hissettiklerimiz/dokunduklarımız ve tattıklarımız gibi dışsal uyaranların farkında olabilmektir. Bu farkındalığın olabildiğince yargısız bir şekilde gerçekleşmesi hedeflenir. Ortaya çıkan yargılayıcı düşüncelere de tıpkı dışsal uyaranlar gibi yaklaşmaya çalışılır. İster içsel ister dışsal olsun, uyaranlar sadece algılanır; onlara takılıp kalmamak önemli bir öğrenme hedefidir. Pratiklerle geliştirilen bu beceri, sosyal ortamda dikkatin otomatik olarak yönlendiği uyaranlar dışında kalanlara odaklanmak için kullanılır.

Yapılan araştırmalar dikkat eğitiminin ümit verici olduğunu gösteriyor. Baskın görüş, Bilişsel Davranışçı tekniklerle birlikte kullanıldığında etkinliğinin artacağı yönünde.

Bilişsel Davranışçı Terapi (BDT)

Kapsamlı bir BDT protokolü yukarıda sayılan maruz kalma, gevşeme, sosyal beceri geliştirme ve farkındalık/dikkat uygulamaları dışında bilişsel yeniden yapılandırmayı da içerir.

Bilişsel yeniden yapılandırma teknikleri kişinin kendini sosyal bir birey olarak nasıl gördüğüyle, kendini diğerinin gözünden gördüğü imgelerle, başkalarının performans standartlarına ve kendi güvenlik davranışlarının işlevine dair inançlarla ilgili alanlarda kullanılır. Bilişsel yeniden yapılandırmada, "kanıt inceleme", "alternatif düşünce oluşturma" ve "çifte standart" tekniklerine başvurulur.

Terapinin erken dönemlerinden itibaren bilişsel değişimler için kullanılan en yaygın ve etkili teknikler davranış deneyleridir. Davranış deneylerinde amaç, kişinin bahsi geçen alanlardaki öngörülerini uygun deneyler tasarlayarak test etmesini sağlamaktır. Davranış deneylerine neredeyse daima seans içinde başlanır. Kişi için kaygı yaratan durumlardan biri seans içinde canlandırılır. Daha sonra kişinin, örneğin kendisinin ya da performansının nasıl göründüğüyle ilgili ortaya çıkan düşünceleri alınır. Son aşamada ise görsel ya da işitsel geri bildirimle bu düşüncelerin/tahminlerin ne kadar gerçekçi olduğu test edilir.

Karşı cinsle herhangi bir şey konuşurken sosyal fobi belirtileri aktif hâle gelen bir kişiyi örnek olarak düşünelim. Seansa karşı cinsten bir ekip üyesi çağırılır ve sosyal fobisi olan danışandan, gelen kişiye bugüne kadar terapi sürecinde neler yapıldığı konusunda iki üç dakikalık bir konuşma yapması istenir. Bu konuşma terapist tarafından videoya kaydedilir. Kayıt tamamlandıktan sonra, ortaya çıkan düşünceler puanlanır. Örneğin, kendini görünüm olarak sıfırdan 10'a kadar puanlaması istenir. Aynı şekilde, kızarma ya da titreme düzeyini, performansını ne kadar başarılı bulduğunu vb. puanlaması istenir. Sonrasında, çekilen video danışan tarafından dışarıdan bir gözle izlenir. Son aşamada, danışan "videoda izlediği kişiyi" değerlendirir. Burada amaç kişinin nasıl göründüğüne dair zihnindeki resimle gerçekte nasıl göründüğünü karşılaştırmasıdır. Davranış deneyleri her türden bilişin, örneğin sosyal standartlarla ya da insanların tepkileriyle ilgili bilişlerin test edilmesi için seans içinde ve dışında uygulanmaya devam eder.

Kapsamlı Bilişsel Davranışçı tedavi uygulamaları sosyal kaygı belirtilerinin azaltılmasında en etkili psikoterapi yöntemidir. Etkinliği ilaç tedavisiyle benzer derecede olmakla birlikte, sosyal kaygı belirtilerinin tekrar ortaya çıkmamasında ilaç tedavisinden daha etkilidir. Bireyler bu teknikleri kullanmayı öğrendiklerinde kaygıları daha kalıcı bir şekilde azalır ve davranışları daha kalıcı bir şekilde zenginleşir. Ancak BDT'nin belki de en olumsuz özelliği kaygıda azalmanın ilaç tedavisine göre daha geç ortaya çıkmasıdır. O yüzden terapi sürecinde kişilerin kaygılarının azalmasına değil, düşünsel ve davranışsal değişikliğe odaklanmaları hedeflenir. Böylelikle daha önce yoğun kaygı yaşanan ortamlardaki kaygı miktarı bir süre sonra azalır.

Kişiler Arası Terapi

Kişiler Arası Terapi ilk olarak depresyon tedavisi için geliştirilmiş, psikodinamik yaklaşımı temel alan, yapılandırılmış bir terapi biçimidir. Sosyal kaygı bozukluğu için uyarlanmış protokolde tedavi üç aşamadan oluşur. Birinci aşamada, sosyal kaygı bozukluğunun bir bireysel zafiyet değil, daha ziyade kişinin mücadele edebileceği bir durum olduğu yaklaşımı kişiye kazandırılmaya çalışılır. İkinci aşamada, rol geçişleri, rol uyuşmazlıkları ve yasla ilgili konularda kendini gösteren kişiler arası sorunlar üzerinde çalışılır. Kişiler arası ilişkilerde duyguları ve istekleri ifade etmeye yönelik müdahalelerde bulunulur ve böylelikle sosyal çevreyle ilişkinin niteliğinin artırılması hedeflenir. Son aşamada ise terapi süreci gözden geçirilir, terapi bitimiyle ilgili konuşulur, ileride karşılaşılabilecek zorluklar ve yapılabilecekler ele alınır.

Sosyal kaygı bozukluğu için kişiler arası terapinin etkinliği tartışmalıdır. Depresyonda etkinliği daha iyi bilinen bu yöntem sosyal kaygı için ilk sırada seçilecek tedavi yöntemi değildir.

Kısa Süreli Psikodinamik Terapi

Psikodinamik yaklaşım, sosyal kaygı bozukluğu belirtilerini büyük oranda erken dönem yaşantılarla şekillenen, yakın kişilerle ilişkideki çatışmaların devamı veya tekrarlanması olarak değerlendirir. Psikodinamik terapinin kökeni daha önce bahsettiğimiz psikanalize dayanır. Psikanalizin tartışmalı teorik arka planı tedavide geri planda tutulur ve bireyin daha çok güncel ilişkileri üzerinde durulur. Psikodinamik anlayışa göre kişi çocukluğunda yaşadığı önemli deneyimlerdeki döngüleri erişkinliğinde de ister istemez devam ettirir. Yani çocukken reddedildiğini düşünen kişi bugünkü seçimleri ve davranışlarıyla o reddedilme durumunun tekrar oluşmasına katkıda bulunur. Terapide, kişinin yaşamında tekrar eden ilişki desenleri üzerinden çalışılır. Bütün bunlar teorik olarak akla yatkın gelse de psikodinamik terapinin sosyal kaygı bozukluğundaki etkisi tartışmalıdır. Dünyadaki pek çok kılavuz tarafından önerilmez.

Kendine Yardım Kitapları ve Diğer Uygulamalar

Kendine yardım kaynakları genel olarak Bilişsel Davranışçı modeller üzerine kuruludur. Kişiyi sosyal kaygı bozukluğunun ne olduğu, nasıl ortaya çıkıp devam ettiği hakkında bilgilendirmek ilk amaçtır. Okura kendi kendine uygulayabileceği bilişsel ve davranışsal teknikler bir kılavuz niteliğinde sunulur. Kendine yardım kaynakları çoğunlukla kitap formundadır. Teknolojik gelişmeler sayesinde bu kaynaklar bilgisayar programları veya akıllı cihaz uygulamalarıyla da kişiye sunulabilir hâle geldi. Kendine yardım kaynakları kişi tarafından bağımsızca kullanılabileceği gibi, bir psikoterapi sürecine destek olarak da kullanılabilir. "Çalışma kitapları" ise genellikle terapistin desteğiyle birlikte adım adım yürütülen bir süreçte kullanılır.

Kendine yardım kitaplarıyla ilgili çalışmaların sonuçları bugün heyecan verici düzeyde. Kişilerin ciddi kaygı problemlerini kendine yardım kitaplarıyla aşabildiklerini biliyoruz.

Sonuç

Hem ergenler hem de erişkinler için tedavide öncelikle Bilişsel Davranışçı Terapi önerilir. Uygulanacak olan psikoterapi sosyal kaygı bozukluğu için özgül olarak hazırlanmış BDT olmalıdır. BDT grup formatında ya da bireysel formatta olabilir. Bireysel uygulamanın tedavi etkinliği ve kişinin tedaviye uyumu açısından önemli bazı avantajları olsa da, grup uygulamasının da maliyet açısından ve bir sosyal ortam yaratması bakımından avantajları vardır. BDT'nin uygulanamadığı ya da bireyin psikolojik tedaviyi tercih etmediği durumlarda yine BDT temelli kendine yardım kaynakları önerilir. Kişilerin bu psikoterapi yaklaşımlarını kabul etmemeleri durumunda soysal kaygıya özgü dinamik psikoterapi önerilebilir. Ancak etkinlik açısından bu tedavinin BDT'ye göre daha zayıf olduğunu unutmamak gerekir.

Kişilerin tercihine göre ya da psikoterapiye ulaşılamayan durumlarda ilaç tedavisi önerilir. İlk tercih edilecek olan, SSGİ grubundan antidepresanların uygun dozda ve sürede kullanımıdır. Yaygın tip sosyal kaygı bozukluğunda etkisiz olduğu gösterilmiş olan Beta Blokör grubu ilaçların performans tipinde kullanımı tartışmalıdır. Bu gruptaki ilaçlar titreme, çarpıntı, sıcak basması gibi bazı belirtileri azaltabildiğinden uygulamada sıkça kullanılır. Özellikle titremeye (tremor) iyi gelmesi nedeniyle çok hafif bir titremenin bile sesi bozabileceği telli çalgı performanslarında tercih edilir. Ancak yapılan araştırmalarda bu gruptaki ilaçların etkisi orta-uzun vadede plasebodan ayrışmamıştır.

Birinci sıra ilaç tedavileriyle BDT'nin etkinliği birbiriyle karşılaştırılabilir düzeydedir. Değindiğimiz gibi ilaç tedavilerinde yanıt daha hızlı ortaya çıkar. Ancak etkinliğin kalıcılığı BDT'de daha yüksektir. İlaç tedavisinin kesilmesi hâlinde belirtiler büyük oranda geri dönerken BDT uygulamalarında bu durum daha azdır.

Başlangıçta uygulanan tedaviye yeterli yanıt alınmadığında, aynı tedavi yöntemi içinde veya tedavi yöntemleri arasında kombinasyonların yapılması önerilir. Uygun bir BDT süreci uygulanmasına rağmen yetersiz yanıt alınırsa bireysel BDT ile birlikte ilaç tedavisi önerilir. SSGİ veya SNGİ tedavisine 2 ila 3 ayda yeterli yanıt alınamayan olgularda da bu tedaviye ek olarak bireysel BDT uygulanması önerilir. Bir SSGİ ilaca tolerans gösteremeyen olgularda başka bir SSGİ ilaca veya SNGİ ilaca geçilmesi önerilir. Bu birlikte kullanımlara yanıt vermeyen olgularda MAOI ilaçların kullanılması değerlendirilebilir.

DÖRDÜNCÜ BÖLÜM

"BEN NE YAPABİLİRİM?"

Sosyal Fobisi Olan Bireyin Kendine Yardım İçin Yapabilecekleri

Bu bölüm, belirgin sosyal kaygı yaşayan bireylerin bir ilaç tedavisi ya da psikoterapi alıp almadığından bağımsız bir şekilde, kendi kendilerine uygulayabilecekleri bir rehber olma amacını taşımaktadır.

Kitabın bu kısmını uygulama yapmaksızın baştan sona okuyup bitirseniz bile uygulama yapmaya en başından başlayıp adım adım ilerlemenizi tavsiye ederim. Basamakları sırasıyla geçmek ve her basamakta belli bir süre geçirmek sizin için daha yararlı olacaktır. Unutmayın; bir şeyleri okumak ya da dinlemek yapmaktan daha kolaydır ve bir şey ancak uygulandığı zaman kalıcı olarak öğrenilir. Bir Çin atasözünde dendiği gibi, "Duyduğumu unuturum, gördüğümü hatırlarım, yaptığımı anlarım."

Kendine yardım sürecimiz dört aşamadan oluşacak.

Birinci Aşama

Durum Değerlendirmesi ve Hedef Belirleme

Bu sorunu uzun zamandır yaşıyorsunuz ve hayatınız bundan etkilenmiş durumda. Bunun bir an önce çözülmesini istemeniz çok doğal. Öte yandan sorunu hızlıca çözmeye çalışmak çok da stratejik bir yol olmayabilir. Öncesinde iyi bir durum değerlendirmesi yapmak sonraki aşamalar için oldukça yararlı ve gereklidir.

Durum değerlendirmesini 5 faktör üzerinden yapacaksınız: Durum/olay, düşünce, duygu, fizyolojik belirti ve davranış.

Konunun bitiminde bu değerlendirmeyi her yapışınızda kullanabileceğiniz 5 Faktörlü Durum Değerlendirme Formu'nu bulacaksınız.

Şekil 2: **Durum Değerlendirmesi İçin 5 Faktörlü Model**

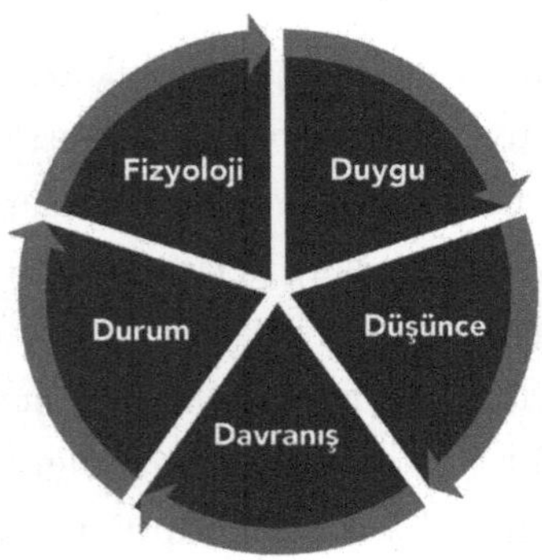

A) Durum/Olay: Durum değerlendirmesi yaparken odaklanacağınız zaman dilimi temelde şimdiki zaman. Sosyal kaygıyla ilgili zorluklarınız çok daha öncesine dayanıyor olsa bile yaşamınızda bugün sizin için sorun olan durumlar üzerinden düşünmeniz çok daha yararlı olacak.

Önce hangi durumlarda sosyal kaygınızın ortaya çıktığıyla başlayın. Sonrasında bu kaygının şiddetini belirleyeceksiniz. Bu durumlarla ilgili bir liste hazırlarken sıradaki tablodan yararlanabilirsiniz.

***Tablo 6:* Kaygı Yaratan Durumlar**

Performans Durumları
Herhangi bir konuda bilgi, beceri veya yeteneğin sınanması Hazırlanarak yapılan sunumlar Bir toplantıda hazırlıksız bir biçimde konuşmak Şarkı söylemek Herhangi bir yerde başka insanların dikkatini çekecek şekilde konuşmak Dans etmek, oynamak Ders anlatmak
Etkileşim/İletişim Durumları
İletişimi başlatmak (Selam vermek, vb.) Soru sormak Konuşurken karşıdaki kişinin gözüne bakmak Telefonla konuşmak Çok iyi tanımadığımız birinden bir şey istemek, ona bir şey sormak Başkasına bir konuda aynı fikirde olmadığını söylemek Satın aldığımız bir malı iade etmek Garsonu çağırmak Misafirliğe gitmek Misafir ağırlamak Taziyede bulunmak Bir konu hakkında ayrıntılı konuşmak Konumu bizden daha yüksek biriyle konuşmak Yakınlık kurmak üzere biriyle tanışmak veya konuşma başlatmak
İzlenme Durumları
Kalabalık bir ortamda yürümek Dışarıda telefonla konuşmak İnsanların olduğu bir ortamda yemek yemek İnsanların olduğu bir ortamda içecek içmek Başkalarının olduğu esnada tuvaleti kullanmak Bir odada başkaları varken o odaya girmek Birileri varken çalışmak, bir iş yapmak (Yemek hazırlamak, yazı yazmak, bir şeyleri alıp bir yere koymak, taşımak, vb.) Mağazada kıyafet denemek

B) Duygular: Yaşamınızda kaygının ortaya çıktığı durumları listelediyseniz şimdi bu durumlardaki kaygı yoğunluğunuzu puanlayın. Öyle bir durumda kaldığınızda kaygınızın ne düzeyde olacağını 0 ila 100 puan aralığında değerlendirin. Örneğin, bir odada başkaları varken odaya girmek 65, mağazada kıyafet denemek 70, satın alınan bir malı iade etmek 75 puan gibi.

Sosyal fobisi olan kişiler bu durumlarda sadece kaygı duygusu yaşamayabilir. Utanç ya da suçluluk olarak tanımlanan duygular da çok sık deneyimlenir. Eğer olaylar ya da durumlar karşısında kaygı ile birlikte suçluluk/utanç duyguları yaşıyorsanız onları da puanlayabilirsiniz.

C) Fizyolojik Belirtiler: Sıkıntılı durumlarda bulunduğunuzda yaşadığınız ya da bu durumları aklınıza getirdiğinizde yaşayacağınızı düşündüğünüz fizyolojik belirtiler neler? Örneğin titreme, terleme, sallanma, bulantı vb. Bunların bir listesini çıkarın.

Ç) Düşünceler: Sosyal kaygı ile ilgili düşünceleri tespit etmek bazen zor olabilir. Bunu kolaylaştırmak için düşünceleri üç dönemde saptamaya çalışın.

İlki, olay öncesi dönemdir. Olay öncesiyle kastedilen, kaygı oluşturan durumla henüz karşılaşmadığınız zaman dilimidir. Tanımadığınız kişilerin de olduğu bir toplantıya gideceğinizi canlandırın zihninizde. Aklınızdan neler geçiyor? Orada ne olacağını düşünüyorsunuz? Ne olmasından korkuyorsunuz? Nasıl görüneceğinizi tahmin ediyorsunuz? Nasıl görünmeniz gerektiğini düşünüyorsunuz? İnsanların size bakınca ne göreceklerini düşünüyorsunuz? Sizi nasıl değerlendireceklerini düşünüyorsunuz?

İkincisi, olay ânı dönemidir. Kaygı ve korku ya da utanç ve suçluluk duygusunu yaşadığınız durum sırasında aklınızdan neler geçiyor? Sadece aklınızdan geçen düşünceleri değil, imgeleri de buna dahil edebilirsiniz. Başkalarının sizi nasıl biri gibi gördüğünü düşünün. Başkalarının gözünde nasıl bir resminiz var? Bu resmi tanımlayabilir misiniz? O esnada neyin fark edildiğini düşünüyorsunuz? Ya da neyin fark edilmesinden korkarsınız? Peki, o esnada biri ya da birileri sizce sizi değerlendiriyor mu? Eğer değerlendiriyorlarsa sizinle ilgili nasıl düşüncelere sahipler sizce?

Üçüncüsü, olay sonrası dönemdir. Kaygı/utanç yaşadığınız olay bittikten sonra aklınızdan neler geçti? Sizce olay nasıl oldu? Nasıl göründünüz? Nasıl davrandınız? Bu olayın böyle yaşanması ne anlama geliyor? Olup bitenle ve yaşadıklarınızla ilgili kendinize neler söylüyorsunuz?

D) Davranışlar: Sosyal kaygının yaşandığı süreçte davranışlar da düşünceler gibi üç fazda değerlendirilebilir. Ancak kişinin tam olarak ne yaptığını tanımlaması bazen zor olabilir. Bunu kolaylaştırmak için aynı durumda sosyal kaygı bozukluğu yaşamayan birinin ne yapabileceğini düşünebilirsiniz.

Birinci fazda yani olay öncesinde ne yapıyorsunuz? Örneğin bir hafta sonra bir sunumunuz ya da konuşmanız var ve bu olay aklınıza geldi. Aklınıza geldikten sonra uzun süre ya da detaylı biçimde bunu mu düşünmeye başlıyorsunuz? Yaptığınız hazırlığı, bunu düşünmemek için yarıda mı kesiyorsunuz? Ya da iki gün sonra bir arkadaşınızın doğum günü etkinliği var ve tanımadığınız birçok kişi bu etkinliğe katılacak. O iki gün içinde bu konu aklınıza geldiğinde neler yaparsınız? Başka bir örnek: Bir sohbet esnasında sizin de fikriniz olan bir konuda bir şey söylemeye karar verdiniz ve sonra ne yaptınız? Fikrinizi söylediniz mi? Ya da yapmak isteyip de yapmadığınız bir şey oldu mu?

İkinci fazla yani olay ânıyla ilgili şöyle düşünebilirsiniz: Bir konuşma yapıyorsunuz ve kaygılısınız. O anda sıkıntınızı azaltmak için ne yapıyorsunuz? Sizi olumsuz görmemeleri için ne yapıyorsunuz? Performansınızın kötü olmaması için ne yapıyorsunuz? Görünmesini istemediğiniz şeyler varsa onlar için ne yapıyorsunuz? Kaygı yaratan olayın içinde ne kadar kaldınız? Konuşuyorsanız, konuşmanızın uzunluğu sizce nasıldı?

Üçüncü fazda olay sonrasındaki davranışlarınıza odaklanmalısınız. Kaygı verici olay geçtikten sonra ne yaptınız? Yeterince yorulduğunuzu düşünüp yeni bir sosyal ortama girmekten kaçındınız mı? Kendinize yüklendiniz mi? Size söylenen şeylere dikkat ettiniz mi? Yalnız mı kalmayı tercih ettiniz, yoksa iletişime devam mı ettiniz? İçinize mi döndünüz?

5 Faktörlü Durum Değerlendirme Formu (1/5)

Durum/Olay: Bu kısma durumu veya olayı yazmalısınız. Öncelikle sizin için durumun net bir tarifini yapın. İşyerinden Ahmet'in doğum gününe katılmak, matematik dersinde sınıf arkadaşlarıma 5 dakikalık bir sunum yapmak gibi. Sonra bu durumda olmanın sizi ne kadar kaygılandırdığını 0 ila 100 arasında puanlayın.

Form 1: **5 Faktörlü Durum Değerlendirme Formu (Örnek)**

Durum/Olay	Fizyolojik Tepkiler	Duygular	Düşünceler	Davranışlar
1) Toplantıda söz alıp olumlu bir şeyler söylemek (65) 2) Kalabalık bir topluluğa bir sunum yapmak (75) 3) Tanımadığım insanların çoğunlukta olduğu bir partiye katılmak (85)	Olay sırasında: Çarpıntı Terleme Kızarma Sesimin titremesi Kafamın titremesi	Kaygı Korku Mahcubiyet Kendine kızma	**Olay öncesinde:** 1) Konuşurken saçmalayacağım. / Benim zayıf biri olduğumu düşünecekler. 2) Çok iyi bir sunum yapmalıyım. / Hiç hata yapmamalıyım. 3) İlginç görünmem gerekir. / Eğer tanıdığım biri yoksa orada yalnız kalırım ve bu tuhaf karşılanır. **Olay sırasında:** 1) Kızardım. / Titriyorum. / Bunları fark ettiler. 2) Çok kaygılı görünüyorum 3) Benim sıkıcı biri olduğumu düşünüyorlar. **Olay sonrasında:** 1) Neyse, söylemesem de olurmuş. 2) Çok berbat bir sunum oldu. / Hiçbir şeyi doğru düzgün yapamadım. / Bir daha ilk sunum yapan ben olmayacağım. 3) İyi ki öncesinde birkaç kadeh yuvarladım. / İyi ki orada Ece'yi gördüm.	**Olay öncesinde:** 1) Söyleyeceklerini kafada prova etmek. 2) Zamanı çok yaklaşana kadar sunumu hazırlamaktan kaçınmak. / Sunumu ezberlemeye çalışmak. 3) Ortamda tanımadığım kişilerin olup olmadığını önceden öğrenmeye çalışmak. / Tanımadığım kişilerin olduğunu öğrenince bir bahane bulup ortama girmemek. **Olay sırasında:** 1) Titremem belli olmasın diye elimdeki bardağı sıkı sıkı tuttum. 2) Slaytları okudum. 3) Konuşurken gözümü kaçırdım. / Konuşmayı kısa tuttum. **Olay sonrasında:** 1) Hızla ortamdan ayrıldım. 2) Eve kapandım. 3) Bir daha kalabalık partilere katılmamaya karar verdim.

Açıklama: 5 Faktörlü Durum Değerlendirme Formu'nu doldururken yakın zamanda yaşadığınız ya da halen yaşamakta olduğunuz bir olayı yazarak başlayın. Önce olayı, ardından yaşadığınız duyguyu yazın. Diğer sütunlar için herhangi bir sıra yok. Hangisi aklınıza geliyorsa onu yazın. Eğer bu formu doldururken sıkıntı yaşıyorsanız veya formu doldurmakla ilgili isteksizlik yaşıyorsanız bu kötü bir şey değil. Olayı ve içsel süreçleri (düşünce, duygu, fizyolojik tepkiler) ya da davranışları hatırlamak sizi rahatsız ediyorsa demek ki doğru yerdesiniz. Bu yaşantınızı yargılamayın. Sadece not alın. Olabildiğince yalın ve olduğu hâliyle.

5 Faktörlü Durum Değerlendirme Formu (2/5)

Fizyolojik Tepkiler: Buraya kaygı yaşadığınız durumlarda bedeninizde ortaya çıkan fizyolojik tepkileri yazmalısınız. Ancak bunlar yorumdan uzak olmalı. Örneğin o anda kızardığınızı göremediyseniz "yüzde sıcaklık hissi" yazabilirsiniz. Duygular hariç, bedensel olarak hissettiklerinizin tümünü buraya yazabilirsiniz. Yorgunluk, açlık, idrara sıkışma, bulantı, dolgunluk hissi gibi.

5 Faktörlü Durum Değerlendirme Formu (3/5)

Duygular: Burası duygular için. Sadece korku değil, süreç içinde yaşadığınız tüm duyguları buraya yazabilirsiniz.

5 Faktörlü Durum Değerlendirme Formu (4/5)

Düşünceler: Bu kısma aklınıza gelen düşünce ve/veya imgeleri yazmanızı istiyorum. Bu düşünceler bir kişi, nesne veya durumla ilgili bir yorum olabileceği gibi, ileriye dönük bir tahmin veya beklenti de olabilir.

Olay Öncesinde:

Olay Sırasında:

Olay Sonrasında:

5 Faktörlü Durum Değerlendirme Formu (5/5)

Davranışlar: Bu kısımda istemli olarak yaptığınız eylemleri yazmalısınız. Dışarıdan görünmeyen, örneğin sözcükleri sansürlemek veya konuşmayı prova etmek gibi zihinsel etkinlikleri de buraya yazabilirsiniz. Yaptığınız davranışları yazın. Eğer hiçbir şey yapmadıysanız neyi yapmak yerine beklemeyi tercih ettiğinizi yazabilirsiniz. Örneğin: "Bana söz vermemesi için anlatıcıya bakmak yerine başka yere baktım."

Olay Öncesinde:

Olay Sırasında:

Olay Sonrasında:

____

____

____

____

Hedef Belirleme

Hedef belirleme kısmında, biraz önce yaptığınız değerlendirmeleri de düşünerek somut hedefler koymayı deneyeceksiniz. Bu konuda size yardımcı olacak birkaç püf noktası vereceğim: Birincisi, hedefi koyarken buna nasıl ulaşacağınızı düşünmeyin. İkincisi, amacınız hedefe yaklaşmak olsun. Hedefe ne kadar yaklaşırsanız o kadar olumlu bir aşamada olduğunuzu düşünün. Üçüncüsü, koyacağınız hedefler olabildiğince somut ve davranışsal olsun. Kalabalık bir ortamda sunum yapabilir hâle gelmek, çağırıldığında bir toplantıya gidebilmek, insanlara fikirlerine katılmadığını söyleyebilmek gibi. Hedefleriniz hiç kaygılanmamak ya da her zaman rahat davranmak gibi duygu odaklı olmamalı, yüksek beklentiler içermemeli.

Hedef Belirlemede Değerlerin Rolü

Günlük yaşamımızda somut hedefler belirlememizde değerlerimizin rolü büyüktür. Değerler nasıl biri olmak istediğimizle ilgili soyut kavramları kapsar. Örneğin dürüst biri olmak istiyorsak somut olarak kast ettiğimiz şey insanları bir şey elde etmek için kandırmayan, talep ve beklentilerinde net biri olmaktır. Değerlerinizi ve hedeflerinizi belirlerken sıradaki "Yaşam Alanları" adlı tabloyu kullanabilirsiniz.

Her birimizin yaşam içinde rolü ve alanları var. Bizimse zihnimizde kendimize biçtiğimiz roller ve o alanlarda ulaşmak istediğimiz bir yer var. Bir de gerçekte sahip olduklarımız ve bulunduğumuz yer var. Bu ikisi arasındaki farkın çok açıldığı yaşam alanlarından memnun olmayız. Hatta olmak istediğimiz yerden uzaklaştıkça memnuniyetsizliğimiz ve mutsuzluğumuz artabilir.

***Şekil 3:* Yaşam Alanları**

Şimdi "Yaşam Alanları" tablosunu kullanarak bu alanların her birinde "bulunduğunuz durum"la "olmak istediğiniz durum"u yazacaksınız.

Daha önce yaptığınız kaygı duyulan durumlar listesi hedeflerinizi somut olarak belirlemenizde yararlı olacaktır. Sosyal kaygıyla ilişkili olarak yapmaktan uzak durduğunuz veya zorunlu hâllerde ancak belirgin bir sıkıntıyla yapabildiğiniz durumları düşünün. Bu durumlarda daha kolay kalabilmek, somut hedefler için bir çerçeve oluşturabilir.

Örneğin, "fiziksel sağlık" alanıyla ilgili şu soru sorulabilir: "Fiziksel sağlığımın nasıl olmasını istiyorum?" Yanıtlar şu minvalde olabilir: "Bedensel olarak fit biri olmak ve güzel görünmek istiyorum." Bu yanıtlar olmak istediğiniz durumu anlatır. "Peki şu anki durumum nedir?" Bu soruya verilecek yanıtlar da bulunduğunuz durumu anlatır: "10 kilo fazlam var. Yüzümdeyse bir süredir kızarıklıklar ve pullanmalı lezyonlar oluyor."

Bir örnek de "arkadaş ilişkileri" alanından verelim. Olmak istediğiniz durumu saptamak için kullanabileceğiniz soru yine aynı formda: "Arkadaş ilişkilerimin nasıl olmasını istiyorum?" Yanıtlar şu minvalde olabilir: "Birçok sırrımı açabileceğim bir ya da iki yakın arkadaşım olmasını istiyorum. Ayrıca işyerindeki 3-4 kişilik gruplardan birinde yer almak istiyorum. Tanımadığım insanların olduğu farklı etkinliklere katılıp oradaki kişilerle de arkadaşlık kurmak istiyorum." İkinci soru: "Peki şu anki durumum nedir?" Bulunduğunuz durumu bu soruya vereceğiniz yanıtlarla saptayacaksınız: "Bir tane sırdaşım var. Onun dışında görüştüğüm ve birlikte etkinlik yaptığım bir iki arkadaşım daha var ama o kadar. Bu arkadaşlarımla görüşemediğimde yalnız kalıyorum. Aralarında tanıdığım biri yoksa, çok sevdiğim bir etkinliğe bile katılmıyorum."

Form 2: Yaşam Alanları Formu

İŞ VEYA OKUL ALANI

Olmak istediğim durum: ....

....

....

....

....

Bulunduğum durum: ....

....

....

....

....

....

ARKADAŞ İLİŞKİLERİ ALANI

Olmak istediğim durum: ....

....

....

....

....

....

Bulunduğum durum: ....

....

....

....

....

....

AİLE YAŞAMI ALANI

Olmak istediğim durum: ....

....

....

....

....

....

Bulunduğum durum: ....
....
....
....
....

ROMANTİK İLİŞKİLER ALANI

Olmak istediğim durum: ....
....
....
....

Bulunduğum durum: ....
....
....
....
....

HOBİLER VE UĞRAŞLAR ALANI

Olmak istediğim durum: ....
....
....
....
....

Bulunduğum durum: ....
....
....
....
....

FİZİKSEL VE RUHSAL SAĞLIK ALANI

Olmak istediğim durum: ....
....
....
....
....

Bulunduğum durum: ....
....
....
....
....

Çıkış Yolu Nedir?

Ortada bir sorun varsa önce onu iyi tanımlamak, ardından da durumu değiştirmek için bir strateji belirlemek gerekir. 5 Faktörlü Durum Değerlendirme modelindeki beşli, yani durum/olay, fizyolojik tepkiler, duygular, düşünceler ve davranışlar aslında sorunun içsel ve dışsal parçalarını oluştururlar. "Durum/Olay" olarak adlandırılan kısım sorunun bireyin dışındaki parçasıdır. Diğer dört faktör ise bireyle ilgilidir. Bu faktörlerin birbiriyle karmaşık bir ilişki içinde olduğunu söyleyebiliriz. Kalabalık bir ortama sonradan dahil olduğunuzu düşünün: Bu "durum" öncelikle sizin tarafınızdan algılanmak zorundadır. Yani bu kalabalığı görmelisiniz. Düşünceler, duygular ve fizyolojik süreç bu algıyla birlikte başlar.

Bu bağlamda "durum/olay" algı ve düşüncenizi etkiler, algı ve düşünceleriniz de duygularınızı. Örneğin "Bakışları eleştirel görünüyor" veya "Heyecandan konuşamayacağım" diye düşündüğünüzde, bu düşüncelere kaygı duygusunun eşlik etmesi belli bir oranda kaçınılmazdır. Hatta bu değerlendirme o kadar hızlı olabilir ki siz sadece duyguyu fark edersiniz.

Duygu ise fizyolojik belirtileri etkiler. Örneğin korku yaşayan birinin vücudunda sempatik sistemin etkin hâle geçmesinden dolayı birçok fizyolojik değişiklik meydana gelir: Çarpıntı, sarsılma hissi, nefes darlığı, ağızda kuruma, karında dolgunluk hissi, idrara ve büyük tuvalete gitme ihtiyacı, kas gerginliği, üşüme ve terleme gibi.

Diğer yandan, duygular ve fizyolojik belirtiler de düşünceleri etkiler. Örneğin kaygı yaşadığını fark eden kişi, "İşte, kaygılanmaya başladım, kaygılandığım fark edilecek" diye düşünebilir. Fizyolojik belirtiler için de benzer bir etkiden bahsedebiliriz. Çarpıntı ve sıcak basması yaşayan kişi, "Kıpkırmızı oldum, dışarıdan çok çaresiz biri gibi görünüyorum, bu kadar kaygılanan birini insanlar ciddiye almaz" diye düşünebilir.

Bahsettiğimiz tüm bu etkilerin gücünün en çok göründüğü faktör ise davranışlardır. Davranışlarımız hem düşüncelerimiz hem duygularımız hem de fizyolojik belirtilerimizden etkilenir. Özellikle herhangi bir davranışta bulunmaya karar verirken düşüncelerin etkisi özel bir öneme sahiptir.

Davranışlar düşünce, duygu ve fizyolojik tepkilerden etkilenirken, düşünce, duygu ve fizyolojik tepkiler de davranışlardan etkilenir.

Köpek fobisi olan birinin markete giderken sokakta bir köpekle karşılaştığını ve ânında geri dönüp markete gitmekten vazgeçtiğini düşünelim. Bu davranışının sonucunda duygularına ve onlarla ilişkili fizyolojik belirtilerine ne olur dersiniz? Elbette azalmalarını bekleriz. Peki "köpeklerin tehlikeli olduğu" veya "bu kaygıya katlanmaya değmeyeceği" şeklindeki düşüncelerine ne olur? Bu düşüncelerinin etkisini sürdürmeye devam edeceğini söyleyebiliriz. En iyi ihtimalle kişi "ince" ve "kapsamlı" bir değerlendirme yapma şansını kaybeder. Öte yandan, bu sıkıntıya katlanmaya değip değmeyeceğini de öğrenemez.

Özetle, davranışın düşünce üzerindeki en önemli etkisi, zihnimizin ürettiği olumsuz varsayımların test edilmesini engellemesidir.

Peki bunları nasıl bir bedel karşılığında yapar?

Olumsuz duyguların ve rahatsız edici fizyolojik belirtilerin azalması karşılığında.

İşte bu yüzden, kaygı bozukluğu yaşayan kişiler rahatsızlık yaratan durumlardan "doğal olarak" uzak durmaya, mecburen muhatap oluyorlarsa da o durumlarla en az sürede ve şekilde temas etmeye çalışırlar.

Hoş olmayan durumlarda bulunmayı hiçbirimiz tercih etmeyiz. Başa çıkma stratejisi oluştururken belli bir yöne doğru gitmemizi teşvik eden tam da bu "doğal" eğilimimizdir. Ancak bu, uzun vadede kişinin yaşamını daraltan ve sıkıntısını artıran bir yoldur.

Çıkış yolu, aynı şeyleri yaparak farklı sonuç beklemenin bizi yıpratmaktan başka bir işe yaramayacağını ve umutsuzluğumuzu artıracağını hatırlamaktan geçiyor. Bugüne kadar bu zorluğu, durumu değiştirerek çözmeye çalıştınız belki. Durumdan uzak durduğunuzda kaygılarınız azaldı ve güvenlik önlemleri almanızı söyleyen düşünceleriniz sizin için doğru ve güvenilir düşünceler olarak kaldı. Şimdi, sizin kontrolünüzde olmayanları bir kenara bırakıp kontrolünüzde olanlarla farklı bir şey denemeye ne dersiniz?

İkinci Aşama

Strateji Belirleme

Strateji oluştururken temelde düşüncelerin ve onlarla ilişkili davranışların etkin olduğunu söyleyebiliriz.

Peki yaşadığınız bu kaygı ve sıkıntılarla ilgili sizin stratejiniz nedir? Kendinize bu süreçte nasıl kurallar koydunuz? Nasıl beklentileriniz vardı? Nasıl davranıyordunuz?

Bu aşamada, sosyal kaygısı olan birçok bireyin ortak stratejilerinden bahsetmek yerinde olur. Bu kişiler stratejinin düşünceyle ilgili kısmında olumsuz performans sergileme, olumsuz bir görüntü verme ve olumsuz değerlendirilme ihtimallerini yüksek görürler. Şöyle şeyler düşünürler: "Konuşurken hata yapacağım", "Yüzüm kıpkırmızı olacak", "Sıkıntılı biri gibi görüneceğim", "İnsanlar benim konuşmaya değmeyecek biri olduğumu düşünecekler."

Dahası bu durumların sonuçlarını da felaket olarak görürler. Örneğin, "İnsanların beni olumsuz değerlendirmesi dayanılmaz bir durum", "Sıkıntılı görünürsem bu bir felaket olur" diye düşünürler.

Bunların dışında, yaşanan olayın değerlendirilmesi ve çıkan sonuçlarla ilgili düşünceler de stratejide önemli rol oynar. Örneğin, "Bir daha yemekhanede yemek yemeyeceğim", "Bir daha tanımadığım insanların olduğu ortama katılmayacağım" gibi düşünceler.

Stratejinin davranışsal kısmına geldiğimizdeyse daha önce de sözünü ettiğimiz iki yöntem ön plana çıkar. Biri kaçınma, öbürü de güvenlik sağlamaya yönelik davranışlar. Bu iki davranışsal öğenin birbiriyle iç içe geçtiğini söyleyebiliriz. Tanımadığı çok sayıda insanın olacağı bir eğlenceye davet edilen kişinin bu daveti reddetmesi kaçınma davranışıyken, davetin verileceği yere diğer davetlilerden önce gitmeye çalışması, gitmeden önce alkol alması, yaşanacak olası kızarmayı örtmek için çok ayrıntılı bir makyaj yapması, davette insanlarla göz temasından kaçınması ve tanıdık kişilerin yanında kalmaya çalışması birer güvenlik arama davranışıdır.

Alternatif Strateji Gerekli mi?

Buna karar verirken iki bağlam üzerinden düşünmek işe yarayabilir. Birincisi, anlattığımız yaşam alanları üzerinden olabilir: Kullandığınız mevcut stratejiler bu yaşam alanları ile ilgili nasıl bir etki yapıyor? Sizi bu alanlardaki hedeflerinize yaklaştırıyorlar mı yoksa hedeflerinizden uzaklaştırıyorlar mı? İkincisi, bu stratejileri uzun zamandır kullandığınızı düşünürsek, sorunu gitgide küçültüp yönetilebilir hâle mi getirdiler, yoksa daha da büyüterek yönetilmesi zor bir hâle mi soktular? Bu soruların yanıtları yeni bir stratejiye ihtiyacınız olup olmadığını gösterecektir.

Alternatif stratejinin gerekliliğini anlama konusunda yardımı olacak bir başka çalışma da bugünkü durumun yani mevcut stratejinin artı ve eksilerini açık yüreklilikle yazmaktır. Birçok kişi mevcut kaçınma ve güvenlik arama stratejilerinin hiçbir artısı olmadığını düşünebilir. Ancak sıkıntıdan uzak durmanın rahatlatıcı tarafları olduğu da inkâr edilemez.

Bir davranışta bulunmaya veya strateji oluşturmaya karar verirken durumun artı ve eksilerine bakarız. Mevcut stratejide de yeni deneyeceğimiz stratejide de bizi bekleyen sıkıntılar olacaktır. Zor durumlarda kişiler iki sıkıntıdan birini seçmek zorunda kalır. Önünde önemli bir sınavı olan ve bu sınavı geçmek için günde altı yedi saat ders çalışması gereken bir öğrenciyi düşünelim. Ders çalışma davranışının da diğer etkinliklere vakit ayırma davranışlarının da artıları ve eksileri olacaktır. Ders çalışmak kısa vadede oldukça sıkıntı verici olacaktır. Kişiyi birçok keyifli aktiviteden uzak tutacaktır. Öte yandan, ders çalışması başarı şansını artıracak ve sınavı geçmek adına gerekli çalışmayı yaptığı için kendini takdir edecektir.

Sıradaki tabloda sosyal kaygı bozukluğu yaşayan bir kişinin mevcut stratejileri için örnek "artı-eksi" çalışması var.

Form 3: Stratejilerimin Artı ve Eksileri (Örnek)

Kaçınma ve Güvenlik Arama Davranışlarımın Artıları	Kaçınma ve Güvenlik Arama Davranışlarımın Eksileri
Çoğu zaman kaygıdan kurtulabilirim. Güvenlik davranışları sayesinde kendimi riske atmam. Yaşamımı bu şekilde iyi kötü idare ettiğimi düşünüyorum. İnsanlar benden sunum istememeleri gerektiğini öğrendi.	Kaygı geçici olarak kayboluyor ama sonrasında geri geliyor. Riske girmediğim için işe yarayıp yaramadıklarını bilemiyorum. İlişkilerim çoğu zaman hedeflediğim yakınlıkta olmuyor. Aslında becerikli ve yetenekli olduğum birçok konuda aktif olamıyorum. Kaçındığım durumlardan uzak durdukça daha da uzak durasım geliyor. Kendimi saklamak için yaptıklarım bazen daha çok dikkat çekiyor. Yanlış anlaşıldığım oluyor.

Bu çalışmaları yaparken şunu fark etmemiz gerekir: Mevcut stratejilerinizi devam ettirirken olumsuz bir sarmalın içine girersiniz. Durumunuzu daha iyiye götüreceğini umduğunuz veya durumun daha kötü olmaması için uyguladığınız bu stratejilerin uzun vadeli bedelleri sonunda daha büyük bir yük hâline gelir.

Görmeniz gereken en önemli gerçek şu: Her durumda bir şeyi seçiyor ve yapıyoruz. Bu seçimlerimizin de hem uzun vadeli ve çoğunlukla daha kalıcı hem de kısa vadeli ve genellikle daha geçici sonuçları oluyor.

Stratejilerimin Artı ve Eksileri (1/2)

Kaçınma ve Güvenlik Arama Davranışlarımın Artıları: Mevcut stratejilerinizi düşünün ve bunların sizin için iyi olan ya da sizin daha kötü bir durumda olmanızı engelleyen yanlarını yazın. Bunları yazarken düşüncelerinizin doğru olup olmadığını sorgulamayın. İçinizden nasıl geliyorsa öyle yazın.

Stratejilerimin Artı ve Eksileri (2/2)

Kaçınma ve Güvenlik Arama Davranışlarımın Eksileri: Şimdi de bu davranışlarınızın ve stratejilerinizin olumsuz sonuçları varsa onları yazın.

Yeni Stratejiniz Ne Olsun?

Bireye ait olan kısımlar düşünceler, duygular, fizyolojik tepkiler ve davranışlardır demiştik. O hâlde yeni stratejiniz bunları içermeli. O yüzden, öncelikle kontrol edilebilirliklerini ele alacağız.

Bilincimiz açıldığı andan itibaren duygu yaşamaya adayızdır. Bebekliğimizde başlayan bu ruhsal işlev yaşadığımız müddetçe devam eder. Sevinç, korku, üzüntü, öfke ve tiksinti gibi duyguları bir bebeğin de yaşayabildiğini söyleyebiliriz. Kıskançlık, utanç gibi bazı duygular ise belli yaşlardan itibaren yaşanmaya başlar.

Duygularımız bizim sinyal sistemimizdir diyebiliriz. Hem kendimizle hem de diğer insanlarla ve dünyayla ilgili bize oldukça hızlı ve çok güçlü mesajlar ileten etkin mesajcılardır. Duyguların oluşumunda bedenimizdeki fizyolojik değişikliklerle birlikte zihinsel bir değerlendirme söz konusudur. Duyu organlarımız bir uyaranı algılar algılamaz bu beynimize iletilir ve "talamus" adı verilen beyin bölgesi tarafından süzülür. Kırmızı bir arabanın karşıdan size doğru geldiğini düşünün. Gözünüz bu uyaranı algıladığında sinir hücreleri vasıtasıyla beynin duyu algılayan bölümlerine iletir. İşte talamus bir trafik polisi gibi bu iletimi yönlendirir. Sonrasında bu ileti, beyindeki ilgili duyu merkezleriyle aynı anda algı ve karar verme merkezlerine gönderilir.

Üzüntü duygusu kişinin sahip olduğu şeylerden birinin eksildiğinin veya kaybedildiğinin sinyalini verir. Bu kayıp somut olarak tarif edilebilecek maddi bir eksilme olabileceği gibi, soyut da olabilir. Örneğin, iş veya şehir değiştirmek, bir grubun içindeki liderlik rolünü yitirmek ya da para kaybetmek de üzüntü duygusu yaratabilir.

Korku duygusu temel olarak tehdit ve tehlike sinyalidir. Bu tehdit içsel ya da dışsal, somut ya da soyut olabilir. Bir kişi hayati tehlikesi bulunduğu algısına sahipse burnu kanadığı için korkuya kapılabileceği gibi, yolda karşıdan hızla gelen bir aracı gördüğünde de korku duyacaktır.

Kaygı ise korkuyla oldukça ilişkili bir duygudur. Fakat kaygı geleceğe dönük ve belirsizlik içeren tehlike durumlarında ortaya çıkar. Korkuya göre yoğunluğu daha azdır ama daha uzun sürme eğilimindedir.

Sosyal kaygı bozukluğunda sıkça yaşanan bir duygu da suçluluktur. Kişinin yapması gerekeni yapmadığı ya da kendi kurallarına uymadığı algısıyla ilişkilidir.

Bahsettiğimiz bu duyguları ve işlevlerini dikkate aldığınızda, duygularla ilgili ne yapabilirsiniz? Örneğin, duygular kontrol edilebilir mi? Doğrudan kontrolleri ne kadar mümkündür?

Duyguların oldukça otomatik bir doğası olduğunu fark etmek zor değil. Duygularımızı dolaylı yönlerden kontrol etmeye çalışıyor olsak da üzerlerinde doğrudan bir kontrolümüz yoktur. Fakat onları fark etmek zihnimizin bize ne söylemeye çalıştığını anlamamıza yardımcı olur. Zihnimizin bize söylediklerini yani düşünceleri aşağıda inceleyeceğiz.

Fizyolojik tepkilere gelince, bunların duygulara benzediğini söyleyebiliriz. Ancak fizyolojik belirtiler tek başına bize bir mesaj iletmez. Örneğin, öfkelenen birinin de kaygılanan birinin de yüzünde bir sıcaklık hissi olabilir. Olumlu heyecan yaşayan biriyle korkan birinin aynı derecede kalp çarpıntısı olabilir. İnsanın mutluluktan da gözleri yaşarabilir, gururdan da.

Fizyolojik tepkilerin oluşumunda otonom sinir sisteminin rolü büyüktür. Otonom sinir sistemi, adı üzerinde, kendiliğinden çalışan, organizmanın içsel ve çevresel uyaranlara göre kendini duruma adapte etmesini sağlayan bir sistemdir. İki alt sistemi bulunur: "Sempatik sistem" ve "parasempatik sistem". Otonom sinir sistemi organizmayı tepeden tırnağa donatır: Ciltte, ter bezlerinde, gözbebeğinin büyüyüp küçülmesini sağlayan kaslarda, akciğerlerdeki bronşları genişleten düz kas yapılarında, kalp ve dolaşım sisteminde, kalbin atım sayısını ve gücünü ayarlayan ve damarları genişletip daraltan sistemde yer alır. Sindirim ve boşaltım sisteminin çalışmasında da etkilerini görürüz. Sempatik ve parasempatik sistemler sürekli etkin değildir. Belli bir süre aktif hâlde kaldıktan sonra karşıtı olan sistem tarafından dengelenirler.

Sempatik sistem aktive olduğunda göz bebekleri büyür (görme değişiklikleri ve görüşte bulanıklık yaşanabilir), ter bezleri aktive olur (terlenir), kalp atım sayısı ve gücü artar (çarpıntı olarak hissedilir), tükürük salgısı azalır (ağız kuruluğu olarak yaşanır), sindirim yavaşlar (karında dolgunluk veya bazen bulantı hissiyle kendini gösterir), tüm adalelerde belli derecede bir kasılma olur (titreme ve sarsılma hissine yol açabilir), böbreklerden süzülmede artış başlar ve mesane kaslarında kasılma olur (idrara sıkışma hissi olarak yaşanır).

O hâlde bu sıraladıklarımıza baktığınızda fizyolojik belirtileri kontrol etmek hakkında ne düşünürsünüz?

Evet, fizyolojik belirtileri de doğrudan kontrol etmemiz pek mümkün değildir.

Peki, düşüncelerinizle ilgili ne yapabilirsiniz? Düşüncelerin işlevi nedir? Kontrol edilebilirler mi?

Düşünce, zihnimizin önemli üretimlerinden biridir. İnsana has ortaya çıkan birçok yüksek bilişsel işlev ve dil, düşünce ile mümkündür ya da düşünceler bu işlevler sayesinde var olur diyebiliriz. Düşünce, algılarımızı tanımlamamızı, olan biteni değerlendirmemizi ve olacakları öngörmemizi sağlar. Düşünceler yoluyla kavramlar oluştururuz ve etrafımızda olup bitenlerin bir temsilini kurarız. Yapılan araştırmalar zihnimizin düşünce üretiminin iki süreçte gerçekleştiği varsayımını desteklemektedir. Daha önce değindiğimiz gibi bunlar otomatik ve analitik süreçlerdir. Otomatik düşünce süreci, zihnimizin hızlıca ürettiği ve çok fazla kaynak kullanmaya gereksinim duymadığı bir süreçtir. Ortaya çıkan düşünce âdeta bir refleks gibidir. Analitik düşünce süreci içinse daha çok kaynağa ihtiyaç vardır. Daha yavaş bir süreçtir ve daha kapsamlı bir niteliğe sahiptir. Örneğin, "2 kere 2?" dediğimde karşımdaki kişinin zihninde "4" düşüncesi oldukça otomatik bir biçimde belirir. Ancak bulunduğu yerden toplu taşımayı kullanarak otogara nasıl gidebileceği sorusuna cevap verebilmesi için kişinin stratejik düşünce sürecinin devreye girmesi gerekir.

Peki, düşünce üzerinde doğrudan bir kontrolünüz var mı sizce? Otomatik düşünce sürecine müdahale etmek pek mümkün gözükmüyor. Aslında olup biteni tanıma da, değerlendirme de, tıpkı olacaklarla ilgili öngörüler gibi sadece birer varsayımdır. Yani düşünce olup biteni tanımlarken, değerlendirirken ve olacaklarla ilgili öngörülerde bulunurken gerçeği değil, bir varsayımı sunmaktadır bize. Zihnimizin özellikle otomatik olarak sunduğu hipotezlerin az bir veriyle oluşturulduğunu hatırlayın. O hâlde, zihnimizin bize sunduğu düşünceler gerçekle eşdeğer değildir.

İşte düşüncelerle ilgili yapabileceğiniz bir şey daha: Otomatik olarak ortaya çıkan düşüncelerin gerçekliğini daha çok veri kullanarak yaşadığınız duruma uygunluğu ve size yararı açısından test etmek! Bunun çalışmasının nasıl yapılacağını birazdan ayrıntılı bir şekilde göreceğiz.

Düşünceyle ilgili bir diğer konu da, onun davranışla ilişkisidir. Bir espri yaptığınızda insanların buna gülmeyeceğini düşündüğünüzü ve espri yapmamayı seçtiğinizi varsayalım. Bu seçiminizin sonucunda etrafınızdakilerin yapacağınız esprilere gülüp gülmeyeceklerini görme şansınız olmaz. Diğer bir olasılıkta, espri yaptıktan sonra insanların yüzüne bakmadığınızı düşünelim. Tepkilerini görme şansınız yine olmaz. Özetle, düşüncenin tahmin niteliğinde olduğu durumlarda, varsayımı test etmeye elverişli olmayan davranışlar o düşüncenin gerçek veya uygun olarak algılanmasına yol açar. Yani örneklediğimiz davranışları sergilediğinizde insanların esprilerinize gülmediğini gerçek sanırsınız ve espri yapmamayı da bu gerçekle uyumlu bulursunuz.

Üçüncü Aşama

Stratejiyi Uygulama

Şimdi sıra düşüncelerimizle çalışmaya geldi. Düşüncelerle çalışmanın ilk adımı onların bize ne dediğini daha iyi duymaktan geçer. Bu bazen rahatsız edici olsa da düşüncelerinizi tespit etmedikçe onların ortaya koyduğu varsayımı değerlendirmeniz mümkün değildir.

Düşüncelerle duygular arasındaki güçlü ilişkiden bahsederken duyguların ardında bir değerlendirme olduğunu söylemiştik. O hâlde bu çalışmayı yaparken duygularınızda (özellikle sosyal kaygınızla ilişkili olumsuz duygularınızda) bir değişiklik olduğunda öncelikle bunu fark etmelisiniz.

Daha sonra, o anda aklınızdan neler geçtiğini fark edin. Yaşadığınız olumsuz duyguya eşlik eden düşünceleri sıradaki "Olay-Duygu-Düşünce İlişkisi" adlı örnek formumuzu inceleyerek sizin için açtığımız forma yazın.

Bunu olayı yaşarken yapmanız elbette pek mümkün olmaz. Bu çalışmayı ya olay öncesi dönemde yani sizi kaygılandıran durumla henüz karşılaşmamışken ya da sizi kaygılandıran olay biter bitmez yapmanızı öneririm.

Ayrıca ilk çalışmalarda bunun biraz zaman alabileceğini ancak tekrar tekrar yaptıkça becerinizin gelişeceğini unutmayın.

***Form 4:* Olay-Duygu-Düşünce İlişkisi (Örnek)**

Olay	Duygu	Düşünce
Sınıftaki kız arkadaşlarımdan biri onunla konuştuğum sırada telefonuyla ilgilendi.	Mutsuzluk Kaygı	Beni ilgi çekici bulmuyor. Beni konuşmaya değer bulmuyor.
Önümüzdeki hafta bizim ekipten bir sunum istendi.	Kaygı Heyecan	Benim sunmamam lazım. İyi sunamam. Aptal gibi görünürüm.
Konuşurken arkadaşım sözümü kesti ve bana katılmadığını söyledi.	Korku Kaygı Huzursuzluk	Yine yanlış bir şey söyledim. Kendimi ifade edemiyorum.

Olay-Duygu-Düşünce İlişkisi (1/3)

Olay: Bu kısma kaygılandığınız sırada yaşadığınız olayı ya da o anki durumu yazın. Olayın sizin için anlamlı olan kısmını yazarsanız daha iyi olur. Örneğin: Toplantıda/derste herkes sırayla kendini tanıtıyor. Ayrıca, gerçekleşen olayı doğrudan yazın. Daha önce gerçekleşmiş olan benzerleriyle birlikte ele almayın. Olayı yazarken duygu ve düşünceden olabildiğince arındırın. Örneğin: "Arkadaşımın beni azarlaması" yerine "Gelemeyeceğimi söyleyince arkadaşım 'Gelmezsen gelme' dedi" şeklinde yazın.

____

____

____

____

Olay-Duygu-Düşünce İlişkisi (2/3)

Duygu: Olay sırasında ön plana çıkan duygularınızı yazın. Üzüntü, korku, heyecan, öfke, mutluluk, utanma vb.

Olay-Duygu-Düşünce İlişkisi (3/3)

Düşünce: Olay sırasında aklınızdan geçen düşünceleri yazın. Eğer zihninizde bir imge ya da imaj beliriyorsa o imge ya da imajı tanımlayın. Örneğin: "Kızarmış, titreyen ve iki büklüm olmuş bir adam" gibi.

____

____

____

____

____

____

____

____

____

____

____

____

____

Düşünceyi İnceleme

Şimdi sıra yazdığınız düşünceleri incelemeye geldi. Öncelikle, bu düşüncelerin incelenebilmesi için yargı ya da tahmin belirtmeleri gerekir. Örneğin "Nasıl sunum yapıyorum acaba?" düşüncesi incelemeye uygun değildir çünkü o âna ya da geleceğe dair herhangi bir varsayım içermez. İncelemeye uygun olan, sunumunuzu nasıl bulduğunuza dair düşüncenizdir. Örneğin, "Biraz sıkıcı bir sunum oluyor" şeklindeki düşünceniz.

Ruhsal sıkıntı yaşayan kişilerin düşüncelerinde üç özellik dikkat çeker: Düşüncelerinin yeterince gerçekçi olmaması, ortaya çıktığı bağlama ya da duruma yeterince uygun olmaması ve kişinin uzun vadeli hedefleri bakımından yeterince yararlı olmaması.

O hâlde, zihnimize gelen düşünceleri bu üç özelliğe göre değerlendirebiliriz. Düşünceyi tespit ettikten sonra gerçeklik açısından değerlendirmek için onu nesnel bulgular ve bilgiler eşliğinde inceleyebiliriz. Bunun için yapılacaklardan biri kanıt incelemedir.

Sıradaki "Düşünceyi İnceleme Formu" bunu kolaylıkla yapabilmeniz için hazırlandı. İlk adım olarak, tespit ettiğiniz düşüncenizi yazıp bu düşünceye 100 üzerinden ne kadar inandığınızı puanlayın. Ardından, bu inancınızı destekleyen bulguları yazın. Sonraki adımda, bu düşüncenizin doğru olduğuna dair nesnel kanıtlarınız varsa onları yazın ve bir önceki aşamada yazmış olduğunuz, düşüncelerinizi destekleyen bulguların kanıt değeri olup olmadığını kendinize sorun. Devamında, incelediğiniz düşüncenizi desteklemeyen bulguları yazın. Ve en sonunda, incelediğiniz düşüncenize şimdi ne kadar inandığınıza bakıp yine 100 üzerinden puanlayın.

Burada amaç sizin düşüncenizi çürütmek değil, daha ziyade otomatik süreçte üretilmiş olan düşüncenizi yeni veriler ışığında daha yavaş bir şekilde güncelleme olanağına kavuşmanız. Genelde şu olur: Kişi kendini rahatsız eden bir durumla karşılaştığında otomatik olarak bir düşünce üretir ve bu düşünceyi doğru kabul eder. Halbuki düşünce, sadece düşüncedir. Gerçeği yansıtabilir de yansıtmayabilir de. Bizim için yararlı olabileceği gibi, yararsız da olabilir. Ya da işlevsel olabileceği gibi, olmayabilir de. Düşüncenin bizde bir duygu oluşturması, o düşünceye bir "samimiyet" katar ama bu onun gerçekçiliği, uygunluğu ya da işlevselliği hakkında bilgi vermez.

Düşünce İnceleme stratejisini uygularken kullanabileceğiniz tekniklerden biri "çifte standart" tekniğidir. Tekniğin temelinde, olaylara kendi perspektifimiz dışından bakma gücümüzü artırmak yatar. Hem düşüncenizin duruma uygunluğunu değerlendirirken hem düşüncenizi desteklemeyen verileri araştırırken hem de durumu açıklayacak alternatifleri belirlemeye çalışırken bu tekniği kendinize yönelteceğiniz şu sorularla kullanabilirsiniz:

1. Bir arkadaşınız size benzer bir düşüncesini söyleseydi ona ne derdiniz? Ya da söz konusu durum sizi ilgilendirmeyen, sadece şahit olduğunuz bir durum olsaydı yorumunuz ne olurdu?
2. Tanıdığınız, güvendiğiniz ve sosyal kaygı bozukluğu yaşamayan bir arkadaşınız size düşüncenizi desteklemeyen ne gibi veriler sunardı? Düşüncenize ne gibi alternatif açıklamalar getirirdi?

Sırada, Düşünce İnceleme çalışmasında size yardımcı olması için, az önce verdiğimiz örnek formdaki "Beni ilgi çekici bulmuyor" düşüncesinin incelenmiş hâli var.

***Form 5:* Düşünceyi İnceleme Formu (Örnek)**

Düşünce ve İnanç Düzeyi	Destekleyenler	Bunların Kanıt Niteliği Var mı?	Desteklemeyenler	Düşünceye Yeni İnanç Düzeyi
Beni ilgi çekici bulmuyor. (80)	Diğer arkadaşlarına göre daha az çevrem var. Benimle konuşurken telefonuna bakıyor. Konuşmamız yeterince uzun sürmedi. Yüzünde gülümseme ifadesi yoktu.	Buradaki bulgular kanıt niteliği taşımaz. Beni ilgi çekici bulmadığına dair bir kanıt yok. Böyle bir durumda nasıl kanıt olabilir ki?	İlk onun selam vermesi. Sorduğum sorulara yanıt vermesi. Yanıt vermekle kalmayıp söylediklerim hakkında yorum yapması.	50

Düşünceyi İnceleme Formu (1/5)

Düşünce ve İnanç Düzeyi: Bu kısma "canınızı en çok yakan" düşüncelerden birini yazın. Bu düşünce, yaşadığınız olumsuz duygularla ilgili olsun. Sonra bu düşüncenin sizin için inandırıcılık düzeyini 100 üzerinden puanlayın.

Düşünceyi İnceleme Formu (2/5)

Destekleyenler: Neden böyle düşündünüz? Size böyle düşündüren ne oldu? Aklınıza gelenleri serbestçe yazın.

Düşünceyi İnceleme Formu (3/5)

Bunların Kanıt Niteliği Var mı? Böyle olduğunun/olacağının nesnel bir kanıtı var mı? Örneğin bu düşüncenizin bir davada savcının iddiası olduğunu hayal edin. Bu iddiası için herkesin kabul edebileceği nesnel bir kanıt gösterebilir miydi?

Düşünceyi İnceleme Formu (4/5)

Desteklemeyenler: Düşüncenizle uyuşmayan neler var gerçekte? Nasıl hissettiğinizden bağımsız olarak düşüncenizle çelişen irili ufaklı gerçekler neler? Aklınıza bir yanıt gelmezse sevdiğiniz ve samimiyetine güvendiğiniz bir arkadaşınız bu konuda neler derdi, onu düşünün. Söyleyebileceklerini gerçekçi buluyorsanız onları da yazabilirsiniz.

Düşünceyi İnceleme Formu (5/5)

Düşünceye Yeni İnanç Düzeyi: Düşüncenize şimdi ne kadar inanıyorsunuz? Düşüncenize olan inancınızı duygunuzdan ayırmaya çalışarak puanlayın.

Düşünce Özellikleri Ölçeği

Düşünce çalışmasında yapacağınız diğer bir uygulama, zihninizin düşünce üretiş biçimini fark etmek olacak. Ruhsal sıkıntı yaşayan kişilerin düşünce üretirken birtakım özellikler gösterdikleri belirlenmiştir. Bunlara "düşünce özellikleri" diyoruz. Sırada, düşünce özellikleriyle ilgili hem bilgi edinebileceğiniz hem de bu özelliklerin sizde ne sıklıkla bulunduğunu tespit etmenize yardımcı olacak bir ölçek var.

Yönerge: Bu ankette, kullandığınız farklı düşünce tarzlarını tespit etmeye çalışacağız. Ankette 10 değişik düşünce tarzı göreceksiniz. Bu düşünce tarzlarının her biri ikişer örnek durumla anlatılacak. Biri arkadaşlık, eş ve aile ilişkileri gibi sosyal ilişkilerle ilgili olacak. Diğeri ise bir sınavı geçmek ya da işte başarısız olmak gibi kişisel başarılarla ilgili. Bu kurgu ürünü örneklerin amacı, her bir düşünce tarzının gerçek hayata nasıl yansıyabileceğini anlamanızı kolaylaştırmak.

İlk yapmanız gereken, tanımlanan düşünüş tarzını anlamaya çalışmak. Sonrasında size bu düşünüş tarzını ne sıklıkla kullandığınız sorulacak. Bu düşünce tarzlarını hayatın sosyal ve başarı alanlarında ne sıklıkla kullandığınızı uygun olan seçeneği işaretleyerek belirleyin.

1. Zihin Okuma

İnsanlar bazen başkalarının onlar hakkında olumsuz düşündüklerini düşünürler. Hatta insanlar olumsuz bir şey söylemedikleri hâlde bu böyle olabilir. Bu durum bazı hâllerde *zihin okuma* olarak adlandırılır. Bunu gözünüzde canlandırmak için aşağıdaki iki parçayı okuyun:

a. Özlem erkek arkadaşı Oytun'la kahve içiyordu. Oytun pek konuşmuyordu. Özlem ona bir sorun olup olmadığını sordu. Oytun iyi olduğunu söyledi. Özlem, Oytun'a inanmadı ve onun kendisiyle birlikteyken mutsuz olduğunu düşünmeye başladı.
b. Erkut haftalardır bir proje üzerinde çalışıyordu. Bitirip patronuna verdikten sonra onun proje hakkındaki görüşünü çok merak etmeye başladı. Patronu birkaç gün sessiz kalınca Erkut yetersiz bulunduğunu düşünüp endişelenmeye başladı.

Sosyal durumlarda (arkadaşlarınızla, eşinizle veya ailenizle birlikteyken) "zihin okuma"yı ne sıklıkta kullandığınızı işaretleyin.

1	2	3	4	5	6	7
Asla		Ara sıra				Her zaman

Kişisel başarı durumlarında (okulda veya işte) "zihin okuma"yı ne sıklıkta kullandığınızı işaretleyin.

1	2	3	4	5	6	7
Asla		Ara sıra				Her zaman

2. Felaketleştirme

İnsanlar gelecekle ilgili olumsuz tahminlerde bulunabilir. Eğer bu tahminlerle ilgili elde yeterli kanıt yoksa buna *felaketleştirme* denir. Bunu zihninizde canlandırmak için aşağıdaki iki parçayı okuyun:

a. Erkan üniversite birinci sınıfta öğrencidir. En son biyoloji sınavından 70 almış ve hemen sonrasında endişelenmeye başlamıştır: Bu dersten sonunda düşük bir not alacağını ve tıp fakültesini bitirmekte zorlanacağını düşünür.
b. Meltem'in erkek arkadaşı ilişkileri hakkında bazı geri bildirimlerde bulunur. Ona arkadaşlarıyla daha fazla vakit geçirmek istediğini söyler. Meltem bu geri bildirime dayanarak erkek arkadaşıyla giderek uzaklaşacaklarına ve hatta sonunda ayrılacaklarına dair tahminlerde bulunmaya başlar.

Sosyal durumlarda (arkadaşlarınızla, eşinizle veya ailenizle birlikteyken) "felaketleştirme"yi ne sıklıkta kullandığınızı işaretleyin.

1	2	3	4	5	6	7
Asla		Ara sıra				Her zaman

Kişisel başarı durumlarında (okulda veya işte) "felaketleştirme"yi ne sıklıkta kullandığınızı işaretleyin.

1	2	3	4	5	6	7
Asla		Ara sıra				Her zaman

3. "Hep ya da Hiç" Tarzı Düşünme

Bazen kişiler değerlendirme yaparken bir şeyleri "ya" - "ya da" şeklinde görebilir. Örneğin, bir konser için sadece "iyi" veya sadece "kötü" diyebilirler. Değerlendirecekleri şeye "siyah" ya da "beyaz" olarak bakıp grinin tonlarını görmeyebilirler. Mesela, "Konser bazı aksamalara karşın yeterince iyiydi," şeklinde düşünemeyebilirler. Kişi bir şeyi sadece "iyi" veya sadece "kötü" olarak değerlendirdiğinde buna "*hep ya da hiç* tarzı düşünme" diyoruz. Bunu zihninizde canlandırabilmek için aşağıdaki parçaları okuyun:

a. Emrah sınavdan B+ alır. Notu A olmadığı için üzgündür. Çünkü sınavlardaki başarısını şu şekilde görme eğilimindedir: "Bir şeyi ya çok iyi yaparım ya da başarısızımdır."
b. Ayşegül bir kişiyi ya tam sever ya da hiç sevmez. Onun ya "iyi kişiler defteri"ndesindir ya da onun için hiç yoksundur.

Sosyal durumlarda (arkadaşlarınızla, eşinizle veya ailenizle birlikteyken) "*hep ya da hiç* tarzı düşünme"yi ne sıklıkta kullandığınızı işaretleyin.

1	2	3	4	5	6	7
Asla		Ara sıra				Her zaman

Kişisel başarı durumlarında (okulda veya işte) "*hep ya da hiç* tarzı düşünme"yi ne sıklıkta kullandığınızı işaretleyin.

1	2	3	4	5	6	7
Asla		Ara sıra				Her zaman

4. Duygudan Sonuç Çıkarma

İnsanlar bazen bir şey öyle "hissettiriyor" diye onun doğru olduğuna inanabilirler. Bunun nasıl olduğunu zihninizde canlandırmak için aşağıdaki parçaları okuyun:

a. Canan'ın arkadaşları herkese yetecek kadar bilet bulamadıkları için Canan'ın onlarla konsere gelemeyeceğini söylerler. Canan onu kasten dışlamadıklarını bilmesine karşın kendini reddedilmiş hisseder. O yüzden, kısmen reddedildiğine inanır.
b. Patronu Emre'ye şirketteki performansının iyi olduğunu söyler. Ancak Emre "Acaba daha iyi yapabilir miydim?" diye düşünür. Aslında kendini başarısız biri gibi hissetmektedir. Ve sonuçta başarısız biri olduğuna inanmaya başlar.

Sosyal durumlarda (arkadaşlarınızla, eşinizle veya ailenizle birlikteyken) "duygudan sonuç çıkarma"yı ne sıklıkta kullandığınızı işaretleyin.

1	2	3	4	5	6	7
Asla		Ara sıra				Her zaman

Kişisel başarı durumlarında (okulda veya işte) "duygudan sonuç çıkarma"yı ne sıklıkta kullandığınızı işaretleyin.

1	2	3	4	5	6	7
Asla		Ara sıra				Her zaman

5. Etiketleme

İnsanlar kendilerini *belli türde bir kişi* olarak etiketleyebilirler. Eğer bu düşünce olumsuz bir şeyden sonra ortaya çıkarsa *etiketleme* adını alır. Zihninizde canlandırmak için aşağıdaki parçaları okuyun:

a. Sosyal bir ortamdayken, Yasir bir kadını dansa davet eder. Kadın bu teklifi reddeder. Yasir kendisinin *zavallı* olduğunu düşünür.
b. Ders esnasında Ferda'nın öğretmeni sorunun yanıtını bilen olup olmadığını sorar. Ferda elini kaldırır ve bir yanıt verir. Öğretmen, "Maalesef yanıtın doğru değil, doğru yanıtı bilen var mı?" der. Ferda kendine *aptal* olduğunu söyler içinden.

Sosyal durumlarda (arkadaşlarınızla, eşinizle veya ailenizle birlikteyken) "etiketleme"yi ne sıklıkta kullandığınızı işaretleyin.

1	2	3	4	5	6	7
Asla		Ara sıra				Her zaman

Kişisel başarı durumlarında (okulda veya işte) "etiketleme"yi ne sıklıkta kullandığınızı işaretleyin.

1	2	3	4	5	6	7
Asla		Ara sıra				Her zaman

6. Zihinsel Filtreleme

Bazen kişiler bilgileri bir filtreden geçirirler. Olumlu ve olumsuz bilgiler bir arada olduğunda sadece olumsuza odaklanırlar. Buna "zihinsel filtreleme" denir. Zihninizde canlandırmak için aşağıdaki parçaları okuyun:

a. Türkân, sevgilisi Osman'ın, arkadaşlarıyla onun hakkında konuştuğunu duyar. Osman şöyle der: "Vallahi, ilişkimiz şimdilik oldukça iyi gidiyor. Zeki ve eğlenceli biri, birçok ortak noktamız var. Bazen biraz talepkâr olabiliyor ama sorun değil." Osman çoğunlukla olumlu şeyler söylemiş olsa da, Türkân onun dile getirdiği tek olumsuz yorumu seçer ve kendini kötü hisseder.

b. Serkan lisede öğrencidir. Son ödeviyle ilgili öğretmeninin yorumlarını gözden geçirmektedir. Öğretmeni şöyle yazmıştır: "Serkan, düşüncelerini çok güzel şekilde ifade ediyorsun. Yazım tarzını gerçekten çok beğendim. Ancak yazındaki düşünce geçişleri üzerinde daha çok çalışmalısın." Serkan, iyi bir performans gösterdiği gerçeğine rağmen öğretmenin yalnızca eleştiri cümlesini düşünür ve kendini rahatsız hisseder.

Sosyal durumlarda (arkadaşlarınızla, eşinizle veya ailenizle birlikteyken) "zihinsel filtreleme"yi ne sıklıkta kullandığınızı işaretleyin.

1	2	3	4	5	6	7
Asla		Ara sıra				Her zaman

Kişisel başarı durumlarında (okulda veya işte) "zihinsel filtreleme"yi ne sıklıkta kullandığınızı işaretleyin.

1	2	3	4	5	6	7
Asla		Ara sıra				Her zaman

7. Aşırı Genelleme

Olumsuz bir olay karşısında insanlar daha da kötü şeylerin olacağını varsayabilirler. Olumsuz olayı, kötü olayların bir başlangıcı gibi görürler. Zihninizde canlandırmak için aşağıdaki parçaları okuyun:

a. Sevilay erkek arkadaşıyla yeni ayrılmıştır. Kendi kendine şöyle düşünür: "Hiçbir zaman yolunda giden bir ilişkim olmayacak."

b. Özgür matematik sınavından kalmıştır. Kendi kendine şöyle der: "Muhtemelen diğer derslerden de kalacağım."

Sosyal durumlarda (arkadaşlarınızla, eşinizle veya ailenizle birlikteyken) "aşırı genelleme"yi ne sıklıkta kullandığınızı işaretleyin.

1	2	3	4	5	6	7
Asla		Ara sıra				Her zaman

Kişisel başarı durumlarında (okulda veya işte) "aşırı genelleme"yi ne sıklıkta kullandığınızı işaretleyin.

1	2	3	4	5	6	7
Asla		Ara sıra				Her zaman

8. Kişiselleştirme

Bazen kişiler gerçekte öyle olmadığı hâlde olumsuz olaylardan sorumlu olduklarına inanabilirler. Diğer bir deyişle, olumsuz bir olayı alır ve onun nedeninin kendileri olduğunu kabul ederler. Buna *kişiselleştirme* denir. Zihninizde canlandırmak için aşağıdaki parçaları okuyun:

a. Semanur'un şirketi önemli bir ihaleyi kazanamamıştır. Bu proje için birçok kişi çalışmış olmasına karşın o kendini hatalı sayar.

b. Enes'in en yakın arkadaşı son dönemde kötü bir ruh hâlindedir ve onunla bağlantı kurmak zorlaşmıştır. Enes, arkadaşının ona bu şekilde davranmasına neden olacak yanlış bir şey yaptığını düşünür.

Sosyal durumlarda (arkadaşlarınızla, eşinizle veya ailenizle birlikteyken) "kişiselleştirme"yi ne sıklıkta kullandığınızı işaretleyin.

1	2	3	4	5	6	7
Asla		Ara sıra				Her zaman

Kişisel başarı durumlarında (okulda veya işte) "kişiselleştirme"yi ne sıklıkta kullandığınızı işaretleyin.

1	2	3	4	5	6	7
Asla		Ara sıra				Her zaman

9. "-meli/-malı" İfadeleri

İnsanlar bazen bir şeylerin belli bir şekilde olmak zorunda olduğunu düşünür. Zihninizde canlandırmak için aşağıdaki parçaları okuyun:

a. Yaşar sınavdan 85 aldığı için mutsuzdur çünkü o en az 90 alması *gerektiğini* düşünmektedir. Yaşar'ın bu düşünce biçimi hayatındaki birçok şey için geçerlidir. Örneğin, top oynarken *asla* topun üzerinden atlamaması gerektiğini hisseder ya da odası hep belli bir düzende *olmalıdır*.

b. Bengü sosyal ortamlarda *mutlaka* komik ve ilginç olması *gerektiğine* inanır.

Sosyal durumlarda (arkadaşlarınızla, eşinizle veya ailenizle birlikteyken) "-meli/-malı" ifadelerini ne sıklıkta kullandığınızı işaretleyin.

1	2	3	4	5	6	7
Asla		Ara sıra				Her zaman

Kişisel başarı durumlarında (okulda veya işte) "-meli/-malı" ifadelerini ne sıklıkta kullandığınızı işaretleyin.

1	2	3	4	5	6	7
Asla		Ara sıra				Her zaman

10. Olumluyu Küçültme ya da Yok Sayma

Kişiler başlarına gelen olumlu şeyleri bazen görmezden gelebilir. Bu, *olumluyu küçültme ya da yok sayma* olarak adlandırılır. Gözünüzde canlandırmak için aşağıdaki parçaları okuyun:

a. Yasemin emlak ofisinde çalışmaktadır. Patronu son satışta çok iyi iş çıkardığını söyler. Yasemin kendi düşüncesine göre başarılı değildir çünkü bu olay muhtemelen şansa bağlıdır.

b. Mustafa büyük bir ilk buluşma için hazırlanmaktadır. Arkadaşları ona iyi göründüğünü söyler. Mustafa arkadaşlarının iltifatlarını kale almaz çünkü ona göre yalnızca nazik olmaya çalışmaktadırlar.

Sosyal durumlarda (arkadaşlarınızla, eşinizle veya ailenizle birlikteyken) "olumluyu küçültme ya da yok sayma"yı ne sıklıkta kullandığınızı işaretleyin.

1	2	3	4	5	6	7
Asla		Ara sıra				Her zaman

Kişisel başarı durumlarında (okulda veya işte) "olumluyu küçültme ya da yok sayma"yı ne sıklıkta kullandığınızı işaretleyin.

1	2	3	4	5	6	7
Asla		Ara sıra				Her zaman

Düşünce Özellikleri Çalışması

Şimdi, sıradaki "Düşünce Özellikleri Çalışması" örnek formunu inceleyerek sizin için açtığımız formu doldurun.

Form 6: Düşünce Özellikleri Çalışması (Örnek)

Olay/Durum	Duygu	Düşünce	Düşünce Özellikleri
Sınıftaki kız arkadaşlarımdan biri onunla konuştuğum sırada telefonuyla ilgilendi.	Mutsuzluk Kaygı	Beni ilgi çekici bulmuyor. Beni konuşmaya değer bulmuyor.	Zihin Okuma Duygudan Sonuç Çıkarma
Önümüzdeki hafta bizim ekipten bir sunum istendi.	Kaygı Heyecan	Heyecanlanıp her şeyi berbat edeceğim.	Felaketleştirme
Konuşurken arkadaşım sözümü kesti ve bana katılmadığını söyledi.	Kaygı Korku	Kendimi ifade edemiyorum.	Etiketleme

Düşünce Özellikleri Çalışması (1/4)

Olay/Durum: Bir önceki formda olduğu gibi olayı ya da durumu düşüncelerinizden ve duygularınızdan olabildiğince ayırarak nesnel hâliyle yazmalısınız.

____

____

____

____

____

____

Düşünce Özellikleri Çalışması (2/4)

Duygu: Olay anında yaşadığınız duyguları yazın.

Düşünce Özellikleri Çalışması (3/4)

Düşünce: Tıpkı Düşünce İnceleme Formu'nda yaptığınız gibi olumsuz duygularınızla en çok ilişkili olan düşüncelerinizi yazın. Düşüncelerinizin her birinin üzerinde tek tek çalışmalısınız.

Düşünce Özellikleri Çalışması (4/4)

Düşünce Özellikleri: Doldurduğunuz anketten yardım alarak hangi düşünce özelliklerinin ön planda olduğunu yazın.

Bir düşünce ne zaman sağlıklı ve gerçekle uyumludur? Düşünce özelliklerinin hiçbirini aşırı şekilde kullanmadığınızı düşünün. Duygunuzdan bağımsız olarak bu size ne katardı?

Düşünce özellikleri tamamen sizin kontrolünüzde değil elbette. Ama bu egzersiz size zihninizin nasıl çalıştığını ve ne dereceye kadar güvenilir olduğunu gösterecek.

"Zihnime güvenemeyeceksem ne yapacağım?" dediğinizi duyar gibi oluyorum.

Zihnimiz aslında mükemmel bir iş çıkarıyor. Ama birer varsayım olarak sunduğu düşünceleri incelemek bizim sorumluluğumuzda.

Bu egzersiz düşüncelerinizin bir adım gerisinde durmanızı ve onları o mesafeden görmenizi sağlayacak.

Evet, düşünce sizin zihninizin ürünü ama siz bir düşünce değilsiniz. Olumlu ya da olumsuz olmalarından bağımsız bir biçimde, hiçbirimiz düşüncelerimizden ibaret ya da düşüncelerimizin kendisi değiliz.

Zaten belli durumlara ve zamana göre değişebilen düşüncelere ne kadar güvenebiliriz ki? Onlara nereye kadar yaslanıp bel bağlayabiliriz?

Düşünceleri kötülemek değil amacım. Onların işe yaramaz olduklarını da söylemiyorum. Düşüncenin ne olduğunu bilirsek onu gerçek yerine oturtabileceğimizi söylüyorum.

Davranışın Oluşumu ve Etkileri

Davranışlarımızın ardında çoğu zaman niyet, beklenti ve tahminlerimiz yer alır. Davranışlarımızın kısa ve uzun vadeli sonuçları olur. Kısa vadeli sonuçlar davranış üzerinde daha güçlü bir etkiye sahiptir. Uzun vadeli sonuçlarınsa ancak değerlendirildikleri zaman davranış üzerindeki etkileri fark edilebilir. Bu da bilişsel açıdan daha fazla çaba gerektiren bir süreçtir. Davranışın bir diğer işlevi ise niyet, beklenti ve tahminleri teyit veya test etme imkânı sağlamasıdır.

Şekil 4: **Davranışın Oluşumu ve Etkileri**

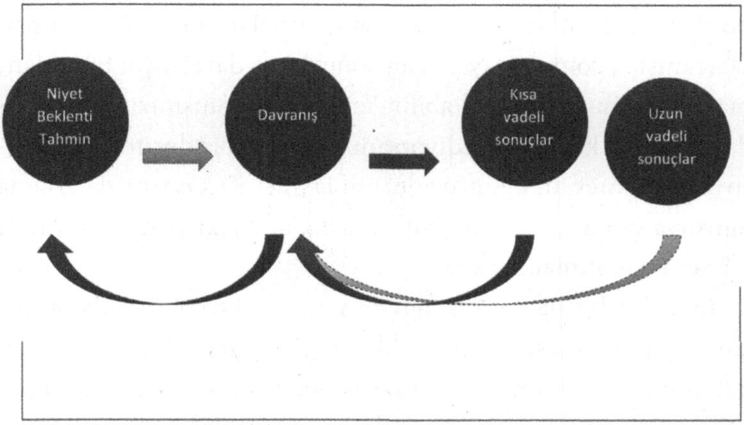

Sıradaki sorumuz şu: Davranışlarımızla ilgili ne yapabiliriz?

Bir davranış bizim için zor ya da kolay olabilir; o davranışta bulunmayı istiyor veya istemiyor olabiliriz. Bir davranışı göstermemiz veya göstermememiz bize daha olumlu bir duygu yaşatacak olabilir; o davranışı sergileyip sergileyemeyeceğimize inanıyor veya inanmıyor olabiliriz. Ancak bunların hiçbiri o davranışta bulunmamıza engel oluşturamaz. Yani davranışlar mutlak kontrolümüz altında olan unsurlardır.

Öte yandan, bir davranışı seçerken diğer etkenler bizi etkileyebilir. Eğer o davranışın sonucunda olumsuz duygular yaşama ihtimalimiz daha fazlaysa ya da davranışın sonuçlarının olumsuz olacağına inanıyorsak o davranışı yapmamayı seçebiliriz.

Bir davranışı seçtiğinizde bunun önemli sonuçları olur. İlki, davranışın öncesindeki niyet, beklenti ve tahminlerle ilgilidir. Eğer seçtiğiniz davranış tahmininizi yanlışlama şansı vermeyen bir davranışsa, o tahmininiz sınanmamış olur. Örneğin, bir ortamda konuşurken kendinizi ifade edemeyeceğinizi düşünüyorsanız ve davranışınız susmaksa, düşünceniz sınanmamış olur ve onu inandırıcı bulmaya devam edersiniz. Bu, davranışın düşünceyi test etmekle ilgili işlevidir.

Davranışın diğer sonuçları da önemlidir. Hem insanlar hem de hayvanlar üzerinde yapılan araştırmalar şunu göstermiştir: Davranıştan sonra ortaya çıkan sonuçlar, o davranışın tekrarlanma olasılığını artırıp azaltabilir. Yani bir davranışınızın sonucunda kendinizi keyifli hissediyorsanız, olumlu bir durumla karşılaşıyorsanız, mevcut olumsuz durumda, mesela kaygınızda azalma oluyorsa ya da o olumsuz durum ortadan kalkıyorsa o davranışı tekrarlama ihtimaliniz artar.

O hâlde, bir davranışın birçok sonucu oluyor. Arkadaşlarınızın arayıp sinemaya gitmeyi teklif ettiğini, sizinse bu öneriyi reddettiğinizi düşünelim. Bunun kaç sonucu olur sizce? Sonuçlardan biri sosyal ortama girmemek, dolayısıyla kaygı yaşamamakken, diğer sonuçlarsa sinemaya gitmemiş ve o filmi görmemiş olmanız, arkadaşlarınızla paylaşımınızın azalması ve sosyal ortama alışamamanızdır.

Öğrenme kuramı ve ilgili araştırmalar, davranışın erken sonuçlarının, davranışı belirlemede daha etkili olabileceğini gösteriyor. Uzun vadeli sonuçların davranışa etkisinin artmasıysa kişinin bu sonuçlarla ilgili farkındalığının artmasıyla mümkündür. Sigara içme davranışını ele alalım: Sigara içmenin uzun vadeli sonuçları da vardır. Örneğin kalp ve akciğer hastalıklarının sigarayla ilişkisi net olarak gösterilmiştir. Fakat kişiler bu durumu bilmelerine rağmen sigara içme davranışını artırarak devam ettirebilirler. Bunun nedenlerinden biri, sigara içtikten sonra yaşanan keyifli hislerin bu davranışın hemen peşinden gelmesidir. Az önce verdiğimiz sinemaya gitme teklifini reddetme örneğine dönersek, sosyal ortamdan kaçınma davranışının erken sonucu sıkıntının azalması olacaktır. Oysa bunun uzun süreli olumsuz etkileri de vardır. Ancak rahatlama hemen geleceği için kaçınma davranışı devam etme hatta artma eğiliminde olacaktır.

Davranışları değiştirmek, bilginin yaşantısal hâle gelmesinde kritik noktadır. Entelektüel bilginin gücü ile yaşantıya dair bilginin gücü aynı değildir. Davranış değiştirme konusunda doğru yolda olup olmadığınızı, hedeflerinizle aranızdaki mesafe belirler. Sizi hedeflerinize yaklaştıran davranışları yapıyorsanız doğru yoldasınız demektir. Topluluk önünde konuşan, kendini ifade eden, sesini duyurabilen, isteklerini diğer insanlara iletebilen biri hâline nasıl gelinir? Bu hedefe doğru giden davranışları yaparak. Bir adres ararken gittiğiniz yolun doğruluğunu o yolun ne kadar trafiksiz veya geniş olmasına bakarak anlayamazsınız. Fakat eğer adrese yaklaşıyorsanız dar, trafiği yoğun hatta bozuk bir yoldan geçiyor olsanız bile doğru yoldasınız demektir. Sizin için doğru olan yollar da üzerinden pek gelip geçmediğiniz için biraz engebeli hâle gelmiştir muhtemelen. Bazen yavaş yavaş da olsa, üzerinde tekrar tekrar gidip gelerek o patikayı açmanız gerek.

Kaçınma ve güvenlik arama davranışları sizi hedeflerinize yaklaştırıyor mu? Eğer topluluk içinde bulunmak, başkaları tarafından dinlenmek, olumlu karşılanmak istiyorsanız, insanların olduğu ortamlardan uzaklaşmak (kaçınma), o ortamlara girseniz bile konuşmamak (güvenlik arama davranışı) ya da konuşmalarınızı kısa kesmek (bir başka güvenlik arama davranışı) sizi hedeflerinize yaklaştırabilir mi? Biraz zor görünüyor, değil mi?

Davranışı değiştirmekle ilgili bir diğer boyut da olumsuz duyguların gidişatıdır. Kaygı ya da utanç, bizi ortaya çıktığı durumdan uzak tutmaya çalışan duygulardır. Bu rahatsız edici duyguları kimse yaşamak istemez. Sosyal kaygı yaşayan kişiler bu kaygının ya da utancın kalıcı olacağını, her seferinde aynı şekilde ortaya çıkacağını veya giderek artacağını düşünebilirler. Ancak durum duyguların işleyişi bakımından böyle görünmemektedir. Korku, kaygı, suçluluk hatta tiksinti duygusunu ortaya çıkaran durumlara sürekli maruz kalındığında organizma bu uyaranlara alışır. Okuldan korkan bir çocuğu düşünün. Ne kadar dil dökseniz de onu okulu seveceğine ikna etmeniz zor olacaktır. Belki başta okulu görmek hatta okul lafını duymak bile istemeyecektir. Ama sonra ısrarlı bir şekilde okulu gördüğünü, kaygı ve korkusuna rağmen okula gittiğini ve okulda her gün biraz daha fazla kaldığını düşünün bir de. Sizce çocukla okul korkusuyla ilgili uzun uzun konuşmalar yapmaya gerek kalır mı? Okula gitmeye devam ettikçe okulla ilgili yaşantısı değişir ve okula gitmek, okulda olmak eskiden onda yarattığı duyguları artık yaratmaz olur. Evet, bu hepimizin bildiği üzerine gitme yöntemi. Şimdi, bu yöntemi nasıl uygulayabileceğimizden bahsedelim.

Bu bölümün başında Durum Değerlendirmesi yapmanızı istemiştim. Kaygı yaratan sosyal durumları özellikleri bakımından ayırmış, şiddet derecelerini puanlamıştınız. Şimdi o durumları oluşturdukları kaygı düzeyine göre sıralayacaksınız önce. En az kaygı yaratandan en fazla kaygı veren duruma doğru yükselen 4-5 basamak oluşturabilirsiniz. Sıradaki örnek formumuz size bu konuda yardımcı olması için hazırlandı.

Form 7: Kaygılanılan Durumlar Hiyerarşisi (Örnek)

40 ila 60 arasında olan durumlar	***60 ila 75 arasında olan durumlar***	***75 ila 90 arasında olan durumlar***	***90 ila 100 arasında olan durumlar***
İş arkadaşlarımla onlarla konuşmaksızın yürümek. (45)	Aldığım bir malı iade etmek. (65)	Lokantada sipariş ettiğim yemeğin tadına baktıktan sonra onu beğenmediğim için geri göndermek. (75)	Karşı cinsten beğendiğim biriyle sohbet başlatmak. (90)
3-4 kişilik yakın akraba grubunu karşılamak. (50)	Derste soru sormak. (70)	Toplantıda bir konu hakkında itiraz etmek ve bunda ısrarcı olmak. (85)	Çok kalabalık ve bilgili kişilerden oluşan bir gruba mesleki bir sunum yapmak. (90)

Kaygılanılan Durumlar Hiyerarşisi Formu

Bu formu doldururken son haftalarda kaygı duyduğunuz durumları düşünün ve onları dört basamakta kategorize edin. Bu konuda kitabın birinci bölümündeki sosyal kaygı anketinden de yararlanabilirsiniz.

40 ila 60 arasında olan durumlar	*60 ila 75 arasında olan durumlar*	*75 ila 90 arasında olan durumlar*	*90 ila 100 arasında olan durumlar*

Üzerine Gitme Alıştırmaları

Üzerine gitme alıştırmalarını yaparken hiyerarşi basamaklarında sırasıyla ilerleyin. Dikkat etmeniz gereken püf noktaları ise şöyle:

- Hiyerarşi basamaklarını çıkmaya en hafifinden başlayın.
- Sadece o basamağa odaklanın. Sonraki basamaklarda ne yapacağınızla ilgilenmeyin.
- Başarı kıstasınız duygunuz olmasın. Yani kaygı, korku veya utangaçlık hissetmemeniz bir başarı değildir. Başarı, bu duyguları hissetseniz bile kaygı yaşadığınız durumda kalabilmektir.
- Üzerine gittiğiniz basamaktaki kaygı oluşturan farklı durumların hepsini gerçekleştirmeniz gerek. Örneğin birinci basamağa dört farklı durum yazdıysanız dördüyle de ilgili en az üçer deneyim yaşamanızı öneririz.
- Üzerine gittiğiniz durumun içinde yeteri kadar kalmanız gerek. Bunu anlamanın yolu kaygı duygusundaki yoğunluğun biraz azalmasıdır. Eğer içinde yeteri kadar kalmayıp o durumdan uzaklaşırsanız çok fazla ara vermeden aynı deneyimi tekrarlayın ve bu defa daha uzun süre kalmaya çalışın.
- Üzerine gittiğiniz basamak sizin için daha yapılabilir hâle geldiğinde kendinizi tebrik edin ve bir sonraki basamağa geçin.
- Yaptığınız alıştırmaları tekrarlayın. Olumsuz şeyler tek seferde öğrenilebilir ancak olumlu şeylerin öğrenilmesi için tekrara gereksinim duyulur.
- Uygulama sırasında güvenlik arama davranışlarında bulunmayın. Ya da bu davranışlarınızı alıştırma sürecinde azalta azalta sonlandırın.
- Alıştırma yaparken duygunuza odaklanmayın. Dikkatinizi yaşadığınız olayın çeşitli boyutlarına vermeye çalışın.

- Alıştırma yaparken zihninizde sizi aşağı çekecek düşünceler belirecektir. Bu düşüncelerin zihninize gelmesini engelleyemezsiniz. Ancak bu düşüncelerin yararınıza olmadığını hatırlayabilirsiniz.
- Uygulama sırasında asla mükemmel olmayı beklemeyin. Unutmayın ki mükemmel, iyinin düşmanıdır.
- Sosyal kaygı bozukluğu zaman zaman yorgunluk yaratır. Uygulama sırasında yılgınlığa kapılırsanız biraz dinlenin ama hemen sonrasında kaldığınız yerden devam edin, vazgeçmeyin. Durumunuzun vazgeçmekle iyiye gitmeyeceğini hatırlayın.
- Kendinize kızmak, kendinizi aşağılamak ya da küçümsemek pek işinize yaramaz. Kendinize şefkatli davranın.
- Üzerine gittiğiniz durumların sizi ne düzeyde kaygılandırmaya devam ettiğini iki üç haftada bir gözden geçirin ve katettiğiniz mesafeyi değerlendirin.

Olumsuz Durumların Gerçek Sonuçlarını Öğrenme

Sosyal kaygı bozukluğu yaşayan bireylerin iki düzeyde olumsuz değerlendirmelerde bulunduklarını belirtmiştik.

Birinci düzeyde, birey olumsuz bulduğu davranışlarını ya da kendisi için tehlike olarak gördüğü şeyleri içinde fazla büyütür. Örneğin konuşurken kızardığını, ellerinin titrediğini düşünmesine rağmen durum hiç de düşündüğü gibi ya da sandığı kadar olmayabilir. Ya da kötü olduğunu düşündüğü sunum performansı dışarıdan değerlendirildiğinde daha iyi bulunabilir.

İkinci düzeyde ise kişi yaşanacak olası bir olumsuzluğun bedelinin çok yüksek olacağını düşünür. Örneğin bir sunum sırasında tüm söyleyeceklerini unuttuğunda ya da konuşurken belirgin bir şekilde kızardığında bunları yaşamında kalıcı etkiler bırakacak birer felaket olarak algılar. Bu durum aslında olumsuz değerlendirilme korkusuyla ilgilidir ve kişi bunun hem çok kolay gerçekleşeceğine inanır hem de bir felaket olduğunu düşünür.

Benzer durumlarda siz de mi bu iki düzeyde olumsuz değerlendirmelerde bulunuyorsunuz? Eğer öyleyse birinci düzeydeki düşüncelerinizi değiştirecek olan, kaçındığınız eylemleri yapmak ve bu eylemler sırasında güvenlik sağlayıcı davranışlarda bulunmamaktır. Endişelendiğiniz durumlara girdikçe ve o durumlarda kaldıkça söyleyeceklerinizi pek de unutmadığınızı, sandığınız gibi dışarıdan tuhaf görünmediğinizi, kendinizi ifade edebildiğinizi, soru sorabildiğinizi ya da yaptığınız sunumların dinlenip anlaşıldığını göreceksiniz.

İkinci düzeydeki düşünceleriniz içinse daha farklı bir yöntem önereceğiz. Kaygı yaratan durumlara girmeye başladıysanız ve artık son basamaktaki alıştırmalardaysanız, sıra gerçekten de olumsuz değerlendirilebileceğiniz davranışları yapmaya gelmiş demektir. Örneğin, bir sunum sırasında 20-30 saniye boyunca söyleyeceklerinizi "unutsanız" ne olur? Ya da yüzünüzü allıkla gerçekten kırmızı hâle getirseniz? Evet, buna benzer davranışları planlı bir şekilde yapabilirsiniz! Aşağıda bununla ilgili birkaç örnek vereceğiz. Buradaki amaç gerçekten olumsuz bir tutumla karşılaşmanız ve bu olumsuz duygunun yaşamınıza etkisini objektif bir şekilde değerlendirmeniz.

- Bir büfede döner dürüm siparişi verin. Dürüm hazırlandıktan sonra, tam size verilirken, özür dilemeden, "Şimdi fark ettim; yanıma para almamışım. Bu dürümü alamayacağım," deyip büfeden uzaklaşın.
- Set menü satılan bir restoranda içecek yerine iki porsiyon yiyecek almak istediğinizi söyleyin. Bunun mümkün olup olmadığını iki kere sorun.
- Altınızı ıslatmış gibi göründüğünüz bir pantolonla birkaç saat gezin.

- Bir sunum sırasında 15-20 saniye boyunca ne söyleyeceğinizi unutmuş gibi yapın.
- Bir arkadaşınızın ismini üst üste birkaç kez yanlış söyleyin.
- Merkezi bir yerdeyken insanlara bulunduğunuz merkeze nasıl gidebileceğinizi sorun. Örneğin Taksim'deyseniz Taksim'e nasıl gidebileceğinizi sorun.
- Parkta oturan birinin yanına gidip "Pardon, siz Ercüment Keçeci misiniz?" diye sorun.
- Metro istasyonuna gidip görevliye paranızın olmadığını ve metroya binmek için yardımını istediğinizi söyleyin.
- Bir pastanede satın aldığınız ekleri yanlışlıkla yere düşürün ve bir tane daha isteyin. (Bunu yaparken bir ekler parası vermelisiniz.)
- Bir alışveriş kuyruğunda kasadan 10-15 ürünü geçirdikten sonra cüzdanınızı almadığınızı fark ettiğinizi söyleyip marketten çıkın.

Kendini İfade Etmede Üçüncü Yol

Davranışlarla ilgili son çalışma sizin için zorlayıcı olabilir belki. Fakat sizi açıkça tehdit eden ya da size karşı aşağılama davranışında bulunan kişilerle nasıl başa çıkabileceğinize ilişkin çalışma yapmanızda yarar var.

Birinin kızardığınız için ne kadar yetersiz göründüğünüzü söylediğini düşünün. Sunumda sesiniz titrediği için izleyicilerden birinin kalkıp size hakaret ettiğini düşünün. Ya da birinin çekingen ve kaygılı göründüğünüz için hiç çekici olmadığınızı, sizin gibileri görmeye bile tahammül edemediğini söylediğini düşünün. Böyle durumlarda ne yapabilirsiniz?

Bu tür davranışlarda bulunan kişiler aslında çoğu zaman diğer insanlar tarafından onaylanmazlar. Özellikle erişkin yaşamdaki sınırlar ve usuller bu tür davranışları kısıtlar. O yüzden bu tür durumlarla nadiren karşılaşılır. Ancak böyle bir durumda uygun tepki veremeyeceğini düşünmek sosyal kaygı bozukluğu yaşayan bireyi olumsuz etkiler.

Sosyal kaygı bozukluğu olan kişiler olumsuz yani alaycı, tehditkâr, ilgisiz ya da küstahça tepkilerle karşı karşıya kaldıklarında çoğunlukla iki yoldan birini tercih ederler. Biri geri adım atmak, kabullenmek, sessiz kalmak gibi davranışlarla kendini gösteren teslim olma yoludur. Diğeri ise suçlama, hakaret etme, öfkelenme, protesto etme gibi davranışlarla kendini gösteren saldırma yoludur. Her iki durumda da kişinin aşağılandığı, eksik veya yetersiz görüldüğü ile ilgili algısı yoğunlaşmıştır ve o an için uygulanabilecek yol uygulanmıştır.

Karşınızdakine ne teslim olacağınız ne de saldıracağınız bir üçüncü yol var mıdır acaba?

Evet, kendinize üçüncü bir yol açmanız mümkün. Bunu yapabilmek için muhatabınıza cevap verirken bazı ilkelere göre hareket etmeniz yararlı olacaktır. Bu ilkeleri örneklerle sıralayalım:

- Karşınızdaki kişinin ne söylediğinden emin olun. Gerekirse ne demek istediğini tam olarak açıklamasını isteyin.

Örnek diyaloglar:

A: Konuşurken tuhaf görünüyorsun.
B: Tuhaf görünmekle neyi kastediyorsun?

Mağaza Görevlisi: Git kardeşim başımdan, değiştirmiyorum ben bunu!
Müşteri: Değiştirmek için getirdiğim bu pantolonu değiştirmeyeceğinizi söylüyorsunuz.

- Karşınızdaki kişinin söylediği şeyi dile getirme hakkı varsa bu hakkını teslim edin ancak böyle bir hakkı olmadığını düşünüyorsanız bu davranışın sizi nasıl etkilediğini hemen ve doğrudan söyleyin, kendi hakkınızı ortaya koyun.

Örnek diyaloglar:

A: Konuşurken çekingen ve yetersiz biri gibi görünüyorsun.
B: Bunu bu şekilde söylemen beni rahatsız etti. Senden bu konuda bir geri bildirim istediğimi hatırlamıyorum.

Mağaza Görevlisi: Evet değiştirmiyorum; 5 gün olmuş o pantolonu alalı.
Müşteri: Bu tavrınız beni rahatsız etti. Aldığım ürünü 30 gün içinde fişiyle birlikte getirerek iade etmeye müşteri olarak hakkım var. Siz bu hakkımı kullanmamı engelleyeceğinizi mi söylüyorsunuz?

- Bu tutumunuzla neyi hedeflediğinizi aklınızda tutun. O sırada hissettiğiniz duygudan ziyade somut hedefinize odaklanın ve bunu karşı tarafa yansıtın. İlk örnekteki kişinin hedefi, sınırlarına saygı gösterilmesi ve ilişkideki mesafeye dikkat edilmesidir. İkinci örnekteki kişinin hedefi ise aldığı ürünü değiştirmektir.

Örnek diyaloglar:

A: Ya sen de amma abarttın! Ben senin iyiliğin için söylüyorum. Böyle sümsük gibi durma!
B: Niyetim iyi, diyorsan öyledir mutlaka. Ben, niyetinden bağımsız olarak, bu şekilde konuşmandan rahatsız oldum. Niyetinle ilgili bir sorgulama yapmıyorum.

Mağaza Görevlisi: İyi de, pantolonu alalı kaç gün olmuş kardeşim! Ben şimdi bu kadar işimin arasında onunla mı uğraşacağım? Sonra değiştiririz.

Müşteri: İşiniz yoğun olabilir. Alınmış ürünün değiştirilmesi de satış gibi bir iş ve ben hakkım olan bu değişimin şimdi yapılmasını istiyorum.

- Sorunun çözümü için atabileceğiniz bir üst adım varsa o adımı da atın. Buna rağmen sorun çözülemiyorsa o ortamdan uzaklaşmayı düşünebilirsiniz.

Örnek diyaloglar:

A: Ya tamam, böyle yapınca sıkılıyorum, soğuyorum senden.

B: Eğer duruşum seni rahatsız ediyorsa yanımda bulunmak zorunda değilsin.

Mağaza Görevlisi: Değiştirmiyorum kardeşim! Keyfimin kâhyası mısın?

Müşteri: O hâlde bu durumu firmanın yetkilisine bildirmem gerekecek. Eğer o da sizinle aynı fikirdeyse bu sorunu burada değil, ya firmanın merkeziyle ya da tüketici hakem heyeti aracılığıyla çözmem lazım.

- Şu üç temel prensibi hep aklınızda tutmanızda fayda var: Birincisi, somut hedefinizin ne olduğunu hatırlamak. İkincisi, kaygınızı azaltmak için geri çekilmemek. Üçüncüsü ise öfkenizi boşaltmak için saldırmamak.
- İnsanlar haksızlığa uğradığını düşündüğünde kafasının içinde kurmaya başlar. Zihninde, yaşadığı olayla ilgili ayrıntılı senaryolar yazar. Bunu yapmamaya çalışmanızı tavsiye ederiz. Çünkü zihinde kurma etkinliği genellikle kişinin duygularını azaltmadığı gibi, aktif problem çözme davranışının ortaya konmasını da zorlaştırır ve kişiyi eylemsizliğe iter.

Dördüncü Aşama

Ulaştığınız Hedefleri Sürdürmek İçin Neler Yapabilirsiniz?

Bu son kısım, kitap boyunca önerdiğim yöntemleri ve çalışmaları uyguladıkça sosyal kaygı bakımından hedeflerinize yaklaştığınızda edindiğiniz artıları nasıl koruyabileceğinizle ilgili.

Hedeflerinize yaklaştığınızda yapmanız gerekenin ne olduğu, aslında süreç içinde yaptıklarınızda gizlidir. Yani bugüne kadar sosyal kaygıyla başa çıkmada kullandığınız yöntemlerden hangilerinin sonuçları sizin için uzun vadede yararlı olduysa onları yapmaya devam edin. Hangileri sizin için yararlı olmadıysa onları kullanmayı giderek azaltın ve mümkün olduğunca o yöntemlere başvurmayın.

Ne yapmanız ya da ne yapmamanız gerektiğiyle ilgili uzun düşüncelere dalmayın. Kendinizi yapmadıklarınızla ilgili tekrar tekrar sorgulamayın. Küçük bir adım bile attıysanız bu büyük büyük düşüncelerden daha kıymetlidir. Yaptığınızda size iyi geldiğini bildiğiniz şeyleri canınız istemese de yapmaya devam edin. Diyelim ki canınız istemedi ve bir davete katılmadınız. Bir sonraki sefer böyle bir daveti kabul etmek için mutlaka canınızın istemesini beklemeyin.

Sosyal kaygının şiddetinin sadece olaylarla ya da durumlarla ilgili olmadığını da aklınızda tutun. Yani siz bu konuda birtakım kazanımlar elde etmişken nedenini çok iyi açıklayamadığınız bir şekilde sosyal kaygınızın arttığı zamanlar olabilir. Özellikle kendinizi duygusal olarak çökkün hissettiğiniz dönemlerde sosyal kaygılarınız artabilir. Ya da sosyal tehdidin bariz olduğu olaylarda ve durumlarda da kaygınız yoğunlaşabilir. Böyle olduğunda kaygı yaşamayı bir başarısızlık gibi görmeyin. Bu sadece şu anlama gelir: Kaygı en önemli işlevini gerçekleştirerek sizi tehditlere karşı uyaran bir sinyal görevi görmeye devam etmektedir.

Sosyal davranışları geliştirme, sıkıntı yaratan durumlara alışma ve sosyal kaygıyı yönetme yolunda inişli çıkışlı zamanlarınız olacağını kabul etmeniz gerek. Böyle zamanlarda kendinize ne söylediğiniz ve kendinize nasıl davrandığınız önemli. Bu süreç boyunca kendi çocukluk hâlinizi eğittiğinizi düşünebilirsiniz.

Çocukluktaki hâlinizle iletişime geçmek için öncelikle sessiz ve sakin bir yerde tek başınıza kalıp gevşeyin. Sosyal kaygıyla tanıştığınız ya da sosyal kaygı duymaya başladığınız yaş kaçıncı yaşınızdı? Karşınızda o yaştaki hâlinizin olduğunu hayal edin. O çocukla ilgili ne hissediyorsunuz? Ondan hoşlanıyor musunuz? Ona kızgın mısınız? Onu küçümsüyor musunuz? Ona acıyor musunuz? Ondan rahatsız mı oluyorsunuz? Ona güveniyor musunuz?

Bu duygulardan herhangi birini, birkaçını birden ya da burada sayılmayan başka duygular yaşamanız doğal ve normaldir.

Peki, karşınızdaki çocukla nasıl konuşuyorsunuz? Ona neler söylüyorsunuz? Ona karşı davranışlarınız nasıl?

Bu sorulara vereceğiniz yanıtların tümü sağlıklı veya yararlı olmayabilir. Ama o çocuğa olan duygularınızı tanıyın, bu duygularınızı kabul edin ve davranışlarınızı dikkatle inceleyin. O çocuğun kendisiyle daha barışık, hayattan istediklerini daha çok alabilen, alamadığı şeyler olduğunda da buna dayanabilen ve ayakta kalabilen biri olması için nasıl davranmalısınız?

Bu soruya yanıtınız neyse kendinize o şekilde davranın.

SONSÖZ

Kitabın başlarında sosyal kaygı bozukluğunun adında geçen bozukluk sözcüğünü sorgulayıp tartışmıştık. Peki iyileşmek nedir? Ve sosyal kaygı bozukluğunu geride bırakıp iyileşmek bize gerçekte ne katar?

Aslında iyileşmenin sırrı "kaygı"da değil, "bozukluk"tadır. Kişinin yaşamını bozan şeyde. Bozukluk kişide değil, kişinin çözüm yolu olarak kullandığı yöntemdedir.

Sosyal kaygınızın çok daha az olduğu bir yaşamı düşünün. Neler şimdikinden farklı olurdu? Peki, farklı olması için hiç kaygı yaşamamanız mı gerekli, yoksa kaygınızı serbest bırakıp sizi öylesi bir hayata yaklaştıracak tutum ve davranışlara hemen şimdiden başlamanız mı?

Kişinin başkalarınca izlendiği ya da insanlarla iletişime geçtiği durumlarda ortaya çıkan sosyal kaygı bozukluğunu herkes belli oranda yaşar. Bu kaygının düzeyi ve ortaya çıkış şekli ise kitap boyunca anlattığımız üzere kişilerin bireysel özelliklerine, olayın/durumun özelliklerine ve kültüre özgü özelliklere göre değişkenlik gösterebilir. Genetik ve ailesel özelliklerle çocukluk yaşantıları da sosyal kaygı bozukluğunda etkilidir ama bunların hiçbiri mutlak belirleyici değildir.

Sosyal kaygı bozukluğu iyileşebilir. Hatta sosyal kaygının ya da performans kaygısının hiçbir tedavi görmeden iyileştiği durumlar hiç de nadir değildir. Kişi kendine yardım ettiğinde ya da yardım aldığında sonuçlar çoğu zaman olumludur. Ancak soysal fobisi olan birçok birey yardım almaktan yıllarca kaçınır. Oysa hem ilaç tedavileri hem de psikoterapiler, özellikle de sosyal fobiye yönelik Bilişsel Davranışçı terapiler tedavide etkilidir.

Sosyal kaygı yaşıyor olmak bir eksiklik ya da zayıflık değildir. Azı yararlı ve sağlıklı olan bir korkunun fazlaca yaşandığı bir problemdir. Problemi kabul etmek, onu anlamak ve çözüm yollarını belirleyip uygulamak gerekir. Eğer siz de bu problemi yaşıyorsanız kendinize yardımcı olmalısınız.

Bu süreçte bir terapist eşliğinde yol alırken veya ilaç tedavisi görürken bu kitapta önerilen yöntemleri kendi kendinize kullanabilirsiniz. Yöntemlerin işleyişini kavradığınızda onları zenginleştirecek yenilikler de geliştirebilirsiniz. Bunları yaparken duygunuzdan ziyade değer ve hedefleriniz size kılavuz olmalı.

Peki, bunları yapmanın zorlukları yok mu? Elbette var. Fakat önemli olan şu: Siz bu zorlukları yaşamaya ve aşmaya gönüllü müsünüz?

REFERANSLAR

Birinci Bölüm

American Psychiatric Association. (2013). Diagnostic and statistical manual of mental disorders (DSM-5). American Psychiatric Pub.

Brunello, N., Den Boer, J. A., Judd, L. L., Kasper, S., Kelsey, J. E., Lader, M., ... &Montgomery, S. A. (2000). Social phobia: diagnosis and epidemiology, neurobiology and pharmacology, comorbidity and treatment. Journal of affective disorders, 60(1), 61-74.

Cengiz, G. F., Gürü, M., Şafak, Y., Kuru, E., Özdemir, İ., Özdel, K., ... & Özkula, G. (2019). The validity and reliability study of the Turkish version of the Brief Social Phobia Scale. Psychiatry and Clinical Psychopharmacology, 29(1), 61-67.

Dünya Sağlık Örgütü ICD-10: Hastalıklar ve İlişkili Sağlık Sorunlarının Uluslararası İstatistiksel Sınıflandırması. Dünya Sağlık Örgütü, 1992 Cenevre.

Heinrichs, N., Rapee, R. M., Alden, L. A., Bögels, S., Hofmann, S. G., Oh, K. J., &Sakano, Y. (2006). Cultural differences in perceived social norms and social anxiety. Behaviour research and therapy, 44(8), 1187-1197.

Hofmann, S. G., &Otto, M. W. (2017). Cognitive behavioral the-

rapy for social anxiety disorder: Evidence-based and disorder specific treatment techniques. Routledge.

Kessler, R. C., McGonagle, K. A., Zhao, S., Nelson, C. B., Hughes, M., Eshleman, S., ... &Kendler, K. S. (1994). Life time and 12-month prevalence of DSM-III-R psychiatric disorders in the United States: results from the National Comorbidity Survey. Archives of general psychiatry, 51(1), 8-19.

Kılıç, C. (1998). Türkiye Ruh Sağlığı Profili: Erişkin nüfusta ruhsal hastalıkların yaygınlığı, ilişkili faktörler, yeti yitimi ve ruh sağlığı hizmeti kullanımı sonuçları. Ankara: TC Sağlık Bakanlığı Temel Sağlık Hizmetleri Genel Müdürlüğü, 77-98.

Liebowitz, M. R., Gorman, J. M., Fyer, A. J., &Klein, D. F. (1985). Social phobia: Review of a neglected anxiety disorder. Archives of general psychiatry, 42(7), 729-736.

Spence, S. H., &Rapee, R. M. (2016). The etiology of social anxiety disorder: An evidence-based model. Behaviour Research and Therapy, 86, 50-67.

Xu, Y., Schneier, F., Heimberg, R. G., Princisvalle, K., Liebowitz, M. R., Wang, S., & Blanco, C. (2012). Gender differences in social anxiety disorder: Results from the national epidemiologic sample on alcohol and related conditions. Journal of anxiety disorders, 26(1), 12-19.

İkinci Bölüm

Beck, A. T., &Haigh, E. A. (2014). Advances in cognitive theory and therapy: the generic cognitive model. Annual review of clinical psychology, 10, 1-24.

Buss, A. H., &Plomin, R. (1984). Theory and measurement of EAS. Temperament: Early developing personality traits, 98-130.

Clark, D. M. (2005). A cognitive perspective on social phobia. The essential handbook of social anxiety for clinicians, 193-218.

Detweiler, M. F., Comer, J. S., Crum, K. I., & Albano, A. M. (2014).

Social anxiety in children and adolescents: Biological, developmental, and social considerations. In S.

G. Hofmann, & P. M. DiBartolo (Eds.), Social anxiety: Clinical, developmental and social perspectives (3rd ed) (pp 253e309) xxvi, 818 pp San Diego, CA, US (pp. 253e309). US: Elsevier Academic Press

Hirsch, C. R., Clark, D. M., Mathews, A., & Williams, R. (2003). Self-images play a causal role in social phobia. Behaviour research and therapy, 41(8), 909-921.

Hofmann, S. G., &Otto, M. W. (2017). Cognitive behavioral therapy for social anxiety disorder: Evidence-based and disorder specific treatment techniques. Routledge.

Bandelow, B., Michaelis, S., &Wedekind, D. (2017). Treatment of anxiety disorders. Dialogues in clinical neuroscience, 19(2), 93.

Kagan, J. (2018). The History and Theory of Behavioral Inhibition. In Behavioral Inhibition (pp. 1-15). Springer, Cham.

Kendler, K. S., Neale, M. C., Kessler, R. C., Heath, A. C., &Eaves, L. J. (1992). The genetic epidemiology of phobias in women: The interrelationship of agoraphobia, social phobia, situational phobia, and simple phobia. Archives of General Psychiatry, 49(4), 273-281. Spence, S. H., &Rapee, R. M. (2016). The etiology of social anxiety disorder: An evidence-based model. Behaviour Research and Therapy, 86, 50-67.

Pérez-Edgar, K. E., &Guyer, A. E. (2014). Behavioral inhibition: Temperament or prodrome? Current behavioral neuroscience reports, 1(3), 182-190.

Türkçapar, M. H. (2018). Bilişsel Davranışçı Terapi: Temel İlkeler ve Uygulama. Epsilon Yayınevi.

Wells, A., White, J., & Carter, K. (1997). Attention training: Effects on anxiety and beliefs in panic and social phobia. Clinical Psychology & Psychotherapy: An International Journal of Theory and Practice, 4(4), 226-232.

Üçüncü Bölüm

Herbert, J. D., Gaudiano, B. A., Rheingold, A. A., Myers, V. H., Dalrymple, K., &Nolan, E. M. (2005). Social skills training augments the effectiveness of cognitive behavioral group therapy for social anxiety disorder. Behavior Therapy, 36(2), 125-138.

Hofmann, S. G., Asnaani, A., Vonk, I. J., Sawyer, A. T., &Fang, A. (2012). The efficacy of cognitive behaviora ltherapy: a review of meta-analyses. Cognitive therapy and research, 36(5), 427-440.

Kimmel, R. J., Roy-Byrne, P. P., &Cowley, D. S. (2015). Pharmacological treatments for panic disorder, generalized anxiety disorder, specific phobia, and social anxiety disorder. A guide to treatments that work, 463-505.

Ruh Sağlığı Ulusal İşbirliği Merkezi (2013). Sosyal Kaygı Bozukluğu Tanıma Değerlendirme ve Tedavi: Ulusal Klinik Kılavuz Numara 159, The British Psychological Society and The Royal College of Psychiatrists

Steenen, S. A., van Wijk, A. J., Van Der Heijden, G. J., van Westrhenen, R., de Lange, J., & de Jongh, A. (2016). Propranolol for the treatment of anxiety disorders: Systematic review and meta-analysis. Journal of Psychopharmacology, 30(2), 128-139.

Tükel, R.&Alkım, T. (2006). Anksiyete Bozuklukları Tedavi Kılavuzu. Türkiye Psikiyatri Derneği Yayınları, Ankara.

Dördüncü Bölüm

Beck, A. T., Emery, G., &Greenberg, R. L. (2005). Anxiety disorders and phobias: A cognitive perspective. Basic Books.

Beck, J. S. (2002). Beck therapy approach. Encyclopedia of Psychotherapy, 1, 155-163.

Clark, D. M., Ehlers, A., Hackmann, A., McManus, F., Fennell, M., Grey, N., ... & Wild, J. (2006). Cognitive therapy versus exposure and applied relaxation in social phobia: A randomized control-

led trial. Journal of consulting and clinical psychology, 74(3), 568.

Gillian, B., Anne, C., Mary, M., Peter, A., & Michael, G. (1984). Exposure and anxiety management in the treatment of social phobia. Journal of consulting and clinical Psychology, 52(4), 642.

Heimberg, R. G. (1989). Cognitive and behavioral treatments for social phobia: A critical analysis. Clinical psychology review, 9(1), 107-128.

Kuru, E., Safak, Y., Özdemir, İ., Tulacı, R. G., Özdel, K., Özkula, N. G., & Örsel, S. (2018). Cognitive distortions in patients with social anxiety disorder: Comparison of a clinical group and healthy controls. The European Journal of Psychiatry, 32(2), 97-104.

Leahy, R. L. (2017). Cognitive therapy techniques: A practitioner's guide. Guilford Publications.

Masters, J. C., Hollon, S. D., &Rimm, D. C. (1987). Behavior therapy: Techniques and empirical findings (Vol. 3). New York: Harcourt Brace Jovanovich.

Özdel, K. (2015). Dünden Bugüne Bilişsel Davranışçı Terapiler: Teori ve Uygulama. Türkiye Klinikleri J Psychiatry-Special Topics, 8(2), 10-20.

Özdel, K., Taymur, İ., Guriz, S. O., Tulaci, R. G., Kuru, E., &Türkçapar, M. H. (2014). Measuring cognitive errors using the Cognitive Distortions Scale (CDS): Psychometric properties in clinical and non-clinical samples. PloSone, 9(8), e105956.

Türkçapar, M. H. (2018) Depresyon - Klinik Uygulamada Bilişsel Davranışçı Terapi. Epsilon Yayınevi.

Prof. Dr. M. Hakan Türkçapar'ın editörlüğünde hazırlanan ve her kitapta belli bir psikolojik soruna odaklanan *Hayatı Anlamak* serisi, çağımızın hastalığı depresyonu konu eden bu kitapla başlıyor. Bireyin kendine nasıl yardım edebileceğine yoğunlaşan bu serinin ana rengi, psikolojik bozuklukların nedenleri ve çözümlerini anlamak için iletişime dayalı bilimsel yöntemi esas alan Bilişsel Davranışçı Psikoterapi. Çözüm aşamasında hayati öneme sahip bazı soruları sorarak ilk adımı atan Türkçapar, çoğumuza içinden çıkılması olanaksız görünen depresyonun üstesinden gelmeyi öğretecek bir yolculuğa davet ediyor bizi.